Zeit für Märchen

Kreativer und medienorientierter
Umgang mit einer epischen
Kurzform

von

Michael Sahr

Schneider Verlag Hohengehren GmbH

Umschlagfotos: Aus einem Bilderbogen – Magdeburg um 1880 anonymer Illustrator

Die Deutsche Bibliothek – CIP-Einheitsaufnahme

Sahr, Michael :
Zeit für Märchen : kreativer und medienorientierter Umgang mit einer epischen Kurzform / von Michael Sahr. –
Baltmannsweiler : Schneider-Verl. Hohengehren, 2002
ISBN 3-89676-613-9

Printed in Germany. Druck: Frech, Stuttgart

„Ich glaube,
Menschen werden glücklicher,
wenn sie Puppen und
Märchenbücher bekommen."

Astrid Lindgren
(Mehr von uns Kindern aus Bullerbü)

Inhaltsverzeichnis

Vier Unterrichtsbeispiele zu verschiedenen Märchentypen

Die Märchen

Hinter dem Himmel
schlafen die Märchen

Wer weiß den Weg
wer hat den Schlüssel
wer weckt sie

Wir Kinder
warten

Rose Ausländer

Die Märchen, ach die Märchen! – ein fiktives Gespräch anstelle eines Vorworts

Sie haben ein neues Buch über Märchen geschrieben. „Noch ein Buch über Märchen?" werden manche fragen. Ist nicht längst alles gesagt?

Es mag ungeschickt sein und allen herkömmlichen Rhetorikregeln widersprechen – ich möchte dennoch diesem Gespräch und meinem Buch folgendes Bekenntnis voranstellen: Über die Märchen ist alles schon gesagt, Kluges und Banales, Sinnreiches und Verstiegenes, Tiefgründiges und Skurriles, Freundliches und Feindliches ... Es ist konserviert – läßt sich demzufolge mühelos nachlesen – in einer beängstigend langen Reihe alter und neuer Fachbücher zur Märchentheorie, -rezeption und -didaktik. Was soll man noch sagen über eine Textgattung, über die alles schon gesagt ist?

Auf der anderen Seite – so denke ich – kommt eine Diskussion über die Märchen nie an ein Ende, ist es nie langweilig und nie überflüssig, sich mit Märchen zu beschäftigen, denen man ja gerne das Etikett „Perle unter den Volksdichtungen" aufklebt. Sich mit „Märchen im Unterricht" auseinanderzusetzen, bedarf also keiner Entschuldigung. Dafür ist der „Gegenstand" zu wichtig („Kinder brauchen Märchen", gerade in einer Zeit, in der viele von ihnen länger vor einem Bildschirm sitzen als in der Schule), zu attraktiv (auch heute noch vermag ein Märchen die Kinder zu faszinieren und zu emotionalisieren) und für die Lehrerinnen und Lehrer zu reizvoll (kaum ein anderes Genre eignet sich so gut, unterrichtlich „genutzt" und „verwertet" zu werden).

Nein, so wenig ein einzelnes Märchen je zu Ende erzählt sein wird – es regt über die Zeiten hinweg immer und immer wieder zum Weitererzählen, Neufassen, Fortsetzen und Umwandeln an –, so wenig kann die didaktische Auseinandersetzung mit Märchen zu Ende gehen – es gibt kaum ein Unterrichtsmedium mit einer so aufregend und widersprüchlich verlaufenden Deutungsgeschichte.

Welche Bedeutung haben und hatten die Märchen in Ihrem Leben?

Märchen haben mich mein Leben lang fasziniert! Als Kind schon hatten es mir die Märchen angetan: *Rotkäppchen* vor allem und *Jorinde und Joringel* oder *Das kleine Mädchen mit den Schwefelhölzern*, als Lehrer an Grundschulen habe ich viel mit Märchen ausprobiert und zuletzt als Dozent an der Regensburger Universität hielt ich am liebsten Seminare, bei denen es um Märchen geht.

Gerne habe ich am Anfang meiner Märchenseminare den Studentinnen und Studenten die Frage „Was bedeuten / bedeuteten Ihnen die Märchen?" zur (anonymen) Beantwortung vorgelegt und war jedesmal erstaunt, wie wichtig ihnen die Märchen sind und waren, wie oft das Wort „Märchen" glücklichste Erinnerungen an die Kindheit weckte („Mit Märchen verbinde ich viele, ausschließlich schöne Augenblicke meiner Kinderzeit") und welche Rolle die Märchen in ihrem jetzigen Leben als „Balsam für die Seele" spielen („Auch als Erwachsene haben mir die Märchen eine kurzzeitige Flucht aus der Ungerechtigkeit der Wirklichkeit ermöglicht und ein wohliges Eintauchen in eine Traum- und Phantasiewelt").

Um was geht es in Ihrem neuen Buch? Was war Ihre Hauptintention?

Es gibt unendlich viele interessante Aspekte, über die man in einem Buch über Märchen schreiben könnte. Deshalb fiel es mir auch gar nicht so leicht, ein spezielles Thema für dieses Buch festzulegen. Ich habe mich – nach reiflicher Überlegung – für folgenden Ablauf entschieden: Im ersten Teil möchte ich insgesamt sieben (um der Märchenzahl „Sieben" die Reverenz zu erweisen) Thesen oder Anmerkungen über Märchen vortragen und sie dann anschließend erläutern. Jeder These füge ich ein passendes, mir besonders wichtig erscheinendes Stichwort wie „Kreativer Umgang mit Märchen", „Wirkungen der Märchen" oder „Der Märchenfilm" hinzu. Im zweiten Teil möchte ich über die unterrichtspraktische Arbeit berichten, also davon, wie man heute Märchen lesen könnte. Der Grundgedanke dabei war, zu zeigen, daß es für Kinder ab einem bestimmten Alter (in der Regel von neun Jahren an) interessant und anregend sein kann, wenn sie neben dem Original immer auch einige moderne Märchenvarianten kennenlernen und sich kritisch mit medialen Adaptionen auseinandersetzen. Davon gibt es mittlerweile eine solche Fülle, daß man als Lehrer an ihnen nicht vorbeikommt.

Meine didaktische Grundhaltung den Märchen gegenüber möchte ich als „kritisch-kreativ" umschreiben. Das heißt: Ich strebe eine unterrichtliche Auseinandersetzung mit Märchen an, die über eine unreflektiert hinnehmende, ausschließlich erlebnisbetonte Rezeption von Märchen hinausgeht. Damit ist keineswegs eine kopflastige, einseitig kognitiv-analysierende Betrachtung der Märchen gemeint. Für mindestens ebenso wichtig erachte ich den emotional-spielerischen und eigenschöpferischen Umgang. Ausschlaggebend für die didaktische Qualität ist es, daß beide Aspekte kombiniert und in Balance gehalten werden. Anhand von jeweils einem Grimmschen und einem Andersen-Märchen habe ich dies darzustellen versucht. Zum Schluß geht es auch um den unterrichtlichen Umgang mit einem veränderten Märchen bzw. einer märchenartigen Geschichte. Alle Unterrichtsvorhaben sind – zum Teil mehrfach – erprobt, zumeist in Zusammenarbeit mit Studentinnen und Studenten der Universität Regensburg.

Sie legen Ihre insgesamt achtzehnte Buchveröffentlichung zur Kinder- und Jugendliteratur vor. Welche Rolle schwebt Ihnen vor beim Schreiben von Büchern?

Ich sehe mich in der Rolle dessen, der seine Wahl getroffen, der sein Thema – die Kinder- und Jugendliteratur – gefunden hat und der nun die Ergebnisse seiner Arbeit vorstellen möchte. Ich sehe mich in der Rolle eines Material-„Herausgebers", der nicht so sehr schöpferisch, sondern lediglich beobachtend, auswählend und anbietend tätig ist, und der seine Leser bittet, dieses Material anzunehmen, nicht einfach zu konsumieren, sondern es zu benützen, zu verwenden, zu verwerten – weswegen die Frage der Leser an das Buch nicht so sehr die sein sollte, ob es wissenschaftlichen, ästhetischen, pädagogischen, sprachlichen, literaturdidaktischen oder sonst welchen Anforderungen genügt, sondern lauten sollte, ob es für sie ein brauchbares, verwendbares, verwertbares, in irgendeinem Sinne nützliches Buch sein kann. „Bücher“ – so hat der Dichter Jean Paul einmal bemerkt – „sind dicke Briefe an Freunde“. So möchte ich auch dieses Märchen-Buch verstanden wissen!

Es war einmal

Es war einmal
ein Märchenerzähler
der hieß Eswareinmal

Er erzählte
unzählige Märchen
kleinen und manchen
großen Kindern

Die Kleinen träumten davon
die Großen erzählten sie weiter
kleinen und manchen
großen Kindern

Die Geschichten
fangen an
mit den Worten
Es war einmal

Rose Ausländer

Regensburg, im Mai 2002

Sieben Thesen über eine alte und ewig junge Textgattung

Mit Märchen lassen sich gute Geschäfte machen

Es gibt Geschichten, die im Kopf eines jeden von uns stekken, uralte Geschichten, die bis heute gegenwärtig sind: Biblische Erzählungen gehören dazu, wie *Die Arche Noah, Der Turmbau zu Babel, David und Goliath* oder *Jona im Wal,* und eine Reihe von Märchen und Märchenfiguren, geliebte wie *Rotkäppchen* und *Schneewittchen* oder auch gefürchtete wie der Wolf und die bösen Riesen.

Tatjana Hauptmann

„Es war einmal eine kleine süße Dirne, die hatte jedermann lieb, der sie nur ansah, am allerliebsten aber ihre Großmutter, die wußte gar nicht, was sie alles dem Kinde geben sollte. Einmal schenkte sie ihm ein Käppchen von rotem Sammet, und weil ihm das so wohl stand und es nichts anders mehr tragen wollte, hieß es nur das Rotkäppchen."

Die beiden berühmten ersten Sätze der Nummer 26 der Grimmschen *Kinder- und Hausmärchen*, zitiert nach „der Ausgabe letzter Hand“ aus dem Jahre 1857, sind bis heute den allermeisten bekannt. Sie werden auch nach fast 150 Jahren in Märchenbilderbüchern und -anthologien zumeist wörtlich übernommen, sieht man einmal davon ab, daß das Wort „Dirne“ gerne durch „Mädchen“ ersetzt wird.

Über die Wirkung der drei magischen Worte „Es war einmal“ finden sich im Vorwort zum Sammelband *Das große deutsche Märchenbuch*, das der bedeutende Märchenforscher Helmut Brackert 1994 herausgegeben hat, folgende, leicht nostalgisch verklärte Sätze:

„‘Es war einmal ...’ Seit unseren Kindertagen liegt uns dieser Anfang im Ohr, ist er uns lieb und vertraut, setzt er in uns Schwingungen frei, die zu frühen Glücksgefühlen hinüberreichen. Aber was ist es, was diesem alten Märcheneingang solchen Zauber verleiht? Weshalb rührt er uns an, auch wenn wir lange schon die Verbindung mit der Märchenwelt verloren, vielleicht schon ein distanziertes oder gar ablehnendes Verhältnis dazu gewonnen haben? Es gibt sicherlich keine einhellige Antwort auf diese Frage; denn jede mögliche müßte der Vielfalt der Empfindungen gerecht werden, die durch dieses ‘Es war einmal’ hervorgerufen werden. Und doch dürften alle Antworten letztlich darauf hinauslaufen, daß uns dieser Erzählanfang in ein Reich zu führen verspricht, in dem wir als Kinder noch lebten und das wir verlassen mußten, als wir heranwuchsen und die ‘Realität’ des Lebens ihr Recht forderte: in das Reich der Phantasie, in der das Wunderbare noch Teil der Welt war, in der alles mit allem in einer geheimen und geheimnisvollen Beziehung zu stehen schien, in der alles noch beseelt war und nicht die Zwecke entscheidend waren, sondern die Mittel. So wird die Sehnsucht, die sich mit dem Wort ‘Märchen’ verbindet, im Grunde auf die Ahnung zurückgehen, daß wir gegenüber der reichen Welt unseres Kinderlandes unbewußt oder bewußt eine Verarmung spüren, eine Sehnsucht nach größerer Erfüllung, nach Erweiterung unserer Empfindungs- und Handlungsmöglichkeiten, nach Aufhebung eines Gefühls von Unbehaustheit und Fremde." (Brackert 1994, S. 7)

Wer die gegenwärtige Märchensituation zu verstehen und zu beschreiben versucht, kommt an dem Buch *Kinder brauchen Märchen* von Bruno Bettelheim nicht vorbei, einem Fachbuch mit erstaunlicher Wirkung nicht nur für die pädagogische Einschätzung der Märchen, sondern auch für deren kommerzielle Vermarktung.

Betrachtet man den Grad der Bedeutsamkeit, den man den Märchen in den letzten Jahrzehnten zugemessen hat, dann zeigt sich eine Entwicklung, die sich in einer eigentümlichen Pendelschwingung vollzieht. Sie bewegt sich von massiver Märchenkritik in den sechziger und frühen siebziger Jahren hin zu einer neuen Hochschätzung, ja Verehrung der Märchen, die ziemlich genau mit dem Erscheinen des obengenannten Buches im Jahre 1977 zusammenfällt. Seither ist ein ständig wachsendes Interesse an der alten Erzählform des Märchens feststellbar; seither wird wieder mit Nachdruck der Wert des Märchenlesens und Märchenerzählens betont; seither wird verstärkt für einen aktiven Umgang mit Märchen in der Schule plädiert.

Daß Märchen derzeit Hochkonjunktur haben, das zeigt sich u. a. auf dem Gebiet der „Kulturwarenproduktion", also des Buch- und Medienmarktes. Es gibt nur wenige Stoffe (augenblicklich wohl nur die Harry-Potter-Bände), die hinsichtlich ihres kommerziellen Erfolgs mit den Märchenbüchern vergleichbar sind. Seit Jahren schon lassen sich gute Geschäfte mit Märchen machen:

- Märchenbuch-Produzenten schwimmen auf der Märchenwelle; es „macht Verlegern nach wie vor Spaß" (Börsenblatt 1995, S. 144), Märchenbücher herauszugeben.

Ein Blick in das aktuelle „Verzeichnis lieferbarer Bücher im deutschen Buchhandel“ (VLB) belegt: Zur Zeit sind Hunderte von Märchenbüchern unterschiedlichster Art – angefangen vom Pixi-Buch bis hin zur umfangreichen Anthologie – erhältlich. Allein zu den Märchen der Brüder Grimm (rund 700) und Hans Christian Andersens (rund 200) sind nahezu tausend Einzeltitel aufgelistet. Man kann sie nach drei Kategorien einteilen: Märchensammlungen nach Art der Haus- und Familienbücher (etwa aus den Verlagen Beltz und Ravensburger), Märchen unter einem thematischen Aspekt (*Vom Reisen und Wandern* aus dem Betz-Verlag oder *Meerchen – Märchen vom Meer* von Middelhauve) und Einzelmärchen, meist in Form des Märchenbilderbuchs (*Allerleirauh* aus dem Verlag Nordsüd oder *Der standhafte Zinnsoldat* von Sauerländer).

- Für Märchen auf Kassetten oder Video besteht eine erstaunlich starke Nachfrage. Seit einiger Zeit läuft – zuerst im Kinderkanal, später in den ersten Programmen, seitdem wiederholt in den verschiedensten dritten Programmen – eine nicht unumstrittene Serie von Zeichentrickfilmen zu 26 Grimmschen Märchen unter dem Titel *SimsalaGrimm.* Die Märchen wurden aufwendig produziert und mit großem Werbeaufwand publik gemacht; damit die Märchen fernsehgerecht ankommen, haben die Macher erheblich nachgearbeitet, so begleiten der Bücherwurm Doc Croc und ein schlauer, aber etwas übermütiger Fuchs namens Yoyo in jeder Geschichte die Zuschauer durch die Märchenwelt und sorgen stets für ein Happy-End; die „Stiftung Lesen“ hat dazu bundesweit eine pädagogische Kampagne für Kindergärten und Grundschulen initiiert – im Medienverbund mit Kassetten, Büchern und Anschauungs- bzw. Unterrichtsmaterialien. Ein heftiger Streit um die Qualität dieser Serie ist entbrannt; die meisten Märchenkenner halten sie für untauglich und verfehlt und haben das Wortspiel „SimsalaGrimm – nichts als Klimbim!“ kreiert (vgl. dazu das folgende Stichwort).

Doc Croc und Yoyo, die beiden Märchenbegleiter aus SimsalaGrimm

- Das traditionelle Märchen in bearbeiteter Form wird auf allen nur denkbaren Ebenen und Kommunikationskanälen verabreicht – als Comic und CD-ROM, im Theater, Kino und Kabarett, als Poster und auf Spielkarten, auf Briefmarken und auf Postkarten, als Souvenir und in der Werbung. *Rotkäppchen* beispielsweise wirbt in vierfacher Form: für eine Sektmarke, eine Käsesorte, für Chanel No. 5 (in der Person Estella Warrens, einer kanadischen Olympiasiegerin im Synchronschwimmen) und für „Bild am Sonntag“.

Die Fachzeitschrift für Kinder- und Jugendmedien *Eselsohr* hat kürzlich in einem Themenheft „Alte Märchen, neue Formen“ (1/2002) über brandneue Märchenbilderbücher und

Werbung mit *Rotkäppchen*

Märchencomics, Neuausgaben der Märchen der Brüder Grimm oder Hans Christian Andersens, über eine Reihe „vergnüglich umgedichteter Märchen“, über Märchenfilme und „Opernmärchen“, über zehn Märchenkassetten mit „hohem Niveau“, über Märchenwürfelspiele und Kinder kartenspiele mit Märchenmotiven ausführlich berichtet und dabei insgesamt rund vierzig Neuproduktionen vorgestellt.

Auffällig auch, wie präsent das Märchen im Internet ist. Wer das Netz nach dem Begriff „Märchen“ durchsucht, findet nicht weniger als 122000 Einträge.

Stichwort: „SimsalaGrimm“ – Märchen im Ausverkauf?

Das Jahr 2000 bescherte uns neben einem neuen Zeitgefühl auch ein neues Märchengefühl: Das SimsalaGrimm-Fieber via Fernsehen brach aus. Zuerst auf dem Kinderkanal, danach bei ARD, seitdem immer wieder in Dritten Programmen wurde mit einem aufwendigen, alles bisherige in den Schatten stellenden Werbefeldzug eine Zeichentrick-Serie von 26 Folgen zu Grimmschen Märchen gesendet, über die Märchenfreunde durch die Bank unglücklich, die Macher aber sichtlich zufrieden waren. Von Superlativen am laufenden Band war die Rede:

- Die Produktionskosten beliefen sich auf die Rekordsumme von 20 Millionen Mark.
- Mehr als 400 Zeichner waren beschäftigt, die 1,8 Millionen Bilder gemalt haben (was aneinandergereiht eine Länge von zehn Kilometer ergibt).
- Mit „SimsalaGrimm, dem größten Kinderbuch der Welt“ warb ARD in den Fußgängerzonen von 23 Städten.
- An 28000 deutsche Kindergärten wurden von der „Stiftung Lesen“ Broschüren und Anschauungsmaterialien versandt.
- Parallel zur Fernsehreihe füllten sich die Regale der Geschäfte mit Vorlese-, Lese- und Malbüchern, Videos und Comic-Heftchen, Hör-, Karten- und Brettspielen, Bettwäsche und Plüschtieren, SimsalaGrimm-Kappen, -Uhren, -Bällen und -Puzzles.
- Auch CD-ROM-Adaptionen entstanden und an die interaktive Umsetzung wurde gedacht (Tivola und Europa).
- Der Kinderkanal konnte die höchste Einschaltquote bei einem Neustart verbuchen.
- SimsalaGrimm wurde in 92 Länder weltweit verkauft.

Dabei ist die Vorgeschichte höchst banal. Der Legende nach ist SimsalaGrimm auf einer Berghütte entwickelt und geboren worden. Beim Skiurlaub wurde das Produzenten-Trio André Sikojev, Claus Clausen und Stefan Beiten nebst Nachwuchs eingeschneit. Die Väter erzählten die alten Märchen in neuem Gewand. Zwei anthropomorphe Tierfiguren, der belesene Bücherwurm Doc Croc und sein lustiger Kumpel Yoyo reisen durch Grimms Märchenwelten, um *Rotkäppchen, Hänsel und Gretel* oder dem *Tapferen Schneiderlein* unter die Arme zu greifen. Die Kinder hatten großen Spaß dabei, und die Väter eine Vision: Grimm fürs Fernsehen – möglichst weltweit! Flugs wurde die Produktionsfirma Greenlight Media gegründet, Geldgeber gesucht und gefunden (der Name Grimm wirkt immer noch Wunder!) und die Vermarktung der Grimm-Märchen nahm ihren Lauf. Sechs Jahre vergingen, bis die Ideen umgesetzt und die 26 Geschichten fertig waren. Die Ausstrahlung hatte – Einschaltquoten und Vertrieb betreffend – einen durchschlagenden Erfolg, löste aber unter den Märchenfreunden eine Lawine der Kritik aus. Sie fiel um so bitterer aus, als sich einige Wortführer – wohl allzu voreilig und ohne rechte Ahnung von der Sache – überaus positiv äußerten: Heinrich Kreibich, Geschäftsführer der „Stiftung Lesen“, beurteilte das Konzept als neu und zeitgemäß. Noch weiter ging Bernhard Lauer, Geschäftsführer der „Brüder Grimm-Gesellschaft“ und Leiter des Brüder Grimm-Museums in Kassel. Er sprach von einer sehr gelungenen Verfilmung; keine lehne sich so eng an die Originale an und mache sie mit einfallsreichen Zusätzen für ein heutiges Publikum interessant; hier werde ähnlich raffiniert erzählt wie in den Märchen aus 1001 Nacht.

Um einer eventuellen Kritik den Wind aus den Segeln zu nehmen, wird dieses „Gütesiegel der Brüder Grimm-Gesellschaft“ von den Produzenten seitdem triumphierend verwendet, etwa in der Form: „Unser größter Unterstützer ist die Märchengesellschaft, die von der Serie sagt, sie sei die letzte Evolutionsstufe der Grimmschen Märchen.“ Aber gerade solche Äußerungen führten dazu, daß die Märchenkenner – einig wie selten – die Serie als Märchenklimbim apostrophierten und sie in Bausch und Bogen ablehnten (vgl. Franz / Kahn 2000).

Einige Stimmen aus dem Meer der Verurteilungen (Märchenspiegel 1/2000):

- „Die Wertkategorie Unverfrorenheit drängt sich auf angesichts dieser Art Piraterie." (Wardetzky)
- Es handelt sich hier um eine „gebündelte, kolossale Zerfledderung und gnadenlose Zerstörung eines ausgewiesenen, jahrhundertealten Kulturgutes." (Keller)
- „Es ist unglaublich, wie skrupellos unter dem Deckmantel der Kinderfreundlichkeit nicht nur die kostbare Sammlung der Brüder Grimm, sondern letztlich auch unsere Kinder gnadenlos kommerziell mißbraucht werden!" (Schieder)
- „Ein solch grauenhaftes Machwerk, ohne ein Wort aus dem Original-Märchentext der Brüder Grimm, eine solche Verschandelung unserer Märchen ... das soll für Kinder der Einstieg in die Welt der Märchen sein?" (Möckel)
- „Unerträglich ist die Tatsache, daß die innere Struktur der verfilmten Kinder- und Hausmärchen verfälscht und geradezu zerstört erscheint." (Rölleke)
- „Die Serie ist schnell, primitiv und banal zusammengeschustert." (Esterl)
- „Die Märchen werden zu merkantilen Zwecken mißbraucht, und unsere Kinder ... um ein kostbares Gut betrogen." (Heindrichs)
- Es sind nichts anderes „als dümmliche Slapstickgeschichten, bar jeden originellen Einfalls, mit verzerrten Figuren, überzeichneter Häßlichkeit, brutaler Grausamkeit und allzu oft plattester Moral." (Janning)

Auch wenn manche der Äußerungen übers Ziel hinausschießen, besteht dennoch kein Zweifel darüber, daß die Serie nicht hält, was Produzenten und Werber vollmundig versprochen haben. Zeichnerisch erhebt sie sich keineswegs über das Niveau der unzähligen anderen Trickfilme, die täglich über die verschiedenen Fernsehsender laufen. Inhaltlich wird verdreht und verstümmelt, ganz besonders durch die in die Rahmenhandlung eingefügten beiden Comic-Helden Doc Croc und Yoyo, die so stark ins Zentrum rücken, so massiv ins Geschehen eingreifen, daß die Märchenfiguren daneben verblassen, viel von ihren Handlungsmöglichkeiten verlieren und zu bloßen Vollstreckern werden. In *Rotkäppchen* beispielsweise sind sie maßgeblich beteiligt, das Mädchen und seine Großmutter aus dem Bauch des Wolfes zu befreien, in *Hänsel und Gretel* greifen sie helfend ein, um die Hexe in den Backofen zu stoßen, und das *Tapfere Schneiderlein* wäre ohne sie niemals in der Lage, seine drei schwierigen Aufgaben zu lösen. Von der Poesie der Märchen und ihrem Zauber verbleibt so gut wie nichts. Und nicht einmal der Titel ist sonderlich originell; schon seit 1997 gibt es das Büchlein „Grimmsalabim", in dem Elfie Riegler die alten Märchenfiguren in „neue Alliancen und Mésalliancen verstrickt" (Klappentext). Nein, mit verantwortungsvoller Märchenverfilmung hat das nichts zu tun!

Zu befürchten ist, daß diese mißlungene Form zum Vorwand genommen wird, wieder einmal generell jede Veränderung von Märchen und jede mediale Adaption in Frage zu stellen. Dieser Schluß wäre fatal. Das Verändern von Märchen, das Anpassen der Märchen an die jeweilige Zeit, das freie Variieren und Spielen mit Märchen und deren Motiven sind ja doch Zeichen ihrer Lebendigkeit. Und Verfilmungen von Märchen – so kritikbedürftig sie in der Regel auch sein mögen – dürfen als moderne Form des Märchenerzählens keinesfalls ignoriert und pauschal verurteilt werden. Wie Helge Weinrebe von ersten unterrichtlichen Erprobungen berichtete, sind die Kinder ja auch durchaus angetan von SimsalaGrimm-Filmen; ihr Witz, ihre Gestaltung und ihre Geschwindigkeit kommen bei ihnen gut an. Die wichtigsten Kriterien, die sie für Filme fordern, daß sie lustig und spannend sind, Wiedererkennungssignale enthalten, ein gutes Ende bringen – sie alle werden ja bei SimsalaGrimm beherzigt.

Damit ist noch nichts über Sinn oder Unsinn und nichts über die Folgen dieser Serie für die Kinder gesagt. Vielleicht bringt die Serie sogar etwas Positives: daß über sie ein Zurück zu den Wurzeln möglich wird, daß das Interesse am Grimmschen Original angefacht wird und daß die Kinder auf diesem Umweg erfahren, welche Kraft in diesen alten und ewig jungen Erzählungen steckt.

Was die Folgen für die Märchen betrifft, so darf man beruhigt sein. Sie haben über die Jahrhunderte hinweg vieles aushalten und überstehen müssen, sie werden auch den Mißbrauch durch SimsalaGrimm und vergleichbare Produkte überleben.

Der Begriff „Märchen“ läßt sich nicht eindeutig festlegen

Über Märchen zu sprechen, scheint auf den ersten Blick leicht zu sein, handelt es sich doch um eine literarische Gattung, die jeder kennt und die bereits Kinder lesen, mögen und verstehen. Wer sich jedoch intensiver mit Märchen befaßt, gerät unversehens in Schwierigkeiten (vgl. Poser 1980, S. 7). Warum die Auseinandersetzung mit Märchen so problematisch ist, hat u. a. zwei Gründe,

- zum einen liegt es daran, daß Märchen von Haus aus ein stark emotionalisierendes Thema darstellen, über das die Erwachsenen zumeist eine festgelegte Meinung haben und zu dem sie nur schwer eine objektive, rationale und neutrale Haltung finden (dabei geht es ihnen ähnlich, wie den stark emotional engagierten märchenhörenden, märchensehenden und märchenlesenden Kindern)
- zum andern liegt es an der Tatsache, daß nicht nur die Entstehung und das Alter der Märchen umstritten sind (darüber gibt es die verschiedensten, zum Teil widersprüchlichen Theorien), sondern auch die Frage der begrifflichen Fassung sehr unterschiedlich beantwortet wird.

In der Umgangssprache wird unter dem Wort „Märchen“ eine hauptsächlich für Kinder geeignete Literatur verstanden. Der Begriff wird nicht wertfrei verwendet, sondern steht immer in einer Art Spannung zwischen der positiven Deutung im Sinne von „Wunder“ (man stellt sich schwärmerisch etwas vor „so schön wie im Märchen“) und der negativen Deutung im Sinne von „Lüge“ (jeder kennt die Redewendung „Erzähl mir keine Märchen“).

Weitverbreitet ist die Meinung, Märchen seien Kinderkram, über dessen Wert oder Unwert sich Eltern und Lehrer den Kopf zerbrechen mögen. Als ob wir nicht alle immer auch Kinder blieben: die Kinder unserer Eltern!

Wer versucht, die Bedeutung eines Begriffes zu klären, fragt sich: Was ist die Definition dieses Wortes? In unserem Kontext wäre es besser zu fragen: Was ist *eine* Definition dieses Wortes? Der Unterschied zwischen „die“ und „eine“ ist bei den Märchen gewaltig.

Märchen sind – begrifflich betrachtet – etwas Vertracktes. Es ist schlichtweg unmöglich, den Begriff „Märchen“ ein für allemal festzulegen und zu definieren. *Das* Märchen gibt es nicht! Dennoch ist immer wieder versucht worden, „Märchen“ – wenn schon nicht im streng wissenschaftlichen Sinne zu definieren so doch wenigstens – dadurch näher zu bestimmen und von verwandten Begriffen abzugrenzen, indem man alternative Umschreibungen sucht, die gleicherweise dienlich sind.

Wenn vom „Märchen“ die Rede ist, findet man Beschreibungen wie

- „eine Geschichte von wunderbaren Erlebnissen, die ein Held meistert“ (Friedrich von der Leyen),
- „eine kleine einfache Erzählung wunderbaren Inhalts“ (Helmut Brackert),
- „eine Gattung sehr alter, phantastisch-wunderbarer Erzählungen, in der Naturgesetze, historische und soziale Determinanten aufgehoben sind und Wirkliches und Nicht-Wirkliches selbstverständlich nebeneinander existieren“ (Ulrike Bastian)

bis hin zur flapsig klingenden, aber die definitorische Hilflosigkeit zum Ausdruck bringenden Tautologie, ein Märchen sei

- „eine Erzählung oder eine Geschichte in der Art, wie sie die Gebrüder Grimm in ihren Kinder- und Hausmärchen zusammengestellt“ hätten (André Jolles).

Ein anderer Zugang eröffnet sich einem, wenn man die etymologische Seite eines Begriffs untersucht und sich die Frage stellt: Warum heißt das Märchen eigentlich „Märchen“? Dabei stößt man auf das mittelhochdeutsche „maere“, das im Mittelalter „Nachricht“, „Kunde, „Bericht“ oder „Erzählung“ bezeichnete. Es erscheint beispielsweise in den ersten endgereimten Versen des *Nibelungenliedes*: „Uns ist in alten maeren / wunders vil geseit / von heleden lobebaeren / von grozer arebeit ...“ oder auch im alten Adventslied „Vom Himmel hoch da komm ich her, / ich bring euch gute neue Mär; / der guten Mär bring ich so viel, / davon ich sing'n und sagen will ...“.

Was aber bedeutet und woher kommt dieses verkleinernde -chen bzw. -lein? Zunächst meint man, es handelt sich bei den Märchen bzw. den „Mährlein“ (eine Bezeichnung, die bis ins 18. Jahrhundert gebräuchlich war) ja um eine kurze, knappe und eher unbedeutende Erzählung. Aber – so gibt Ludwig Denecke (1993, S. 9) zu bedenken – unsere Märchen sind in der Mehrzahl nicht „klein“. Auch gibt es kein „Sagchen“, obwohl das, was wir „Sage“ nennen, in sehr vielen Fällen von viel geringerem Umfang ist. Die Antwort finden wir bei Jacob Grimm in seiner *Deutschen Grammatik*: „Das Diminutivum hat nicht nur den Ausdruck des Kleinen, Geringen, sondern auch des Lieblichen, Kosenden.“ Und wir erinnern uns: Mit Großväterchen (beim Rübenziehen), Väterchen (Frost), Mütterchen (Russland), Onkelchen, Tantchen, Schätzchen ... drücken wir häufig nicht den Begriff des Kleinen oder Jungen aus, vielmehr des Vertrauten und Geliebten.

So ist das Märchen dem ursprünglichen Sinne nach nicht so sehr eine kleine, kurze, sondern eine liebenswerte, gern erzählte, freundliche und Lust verbreitende Geschichte.

Weil das Märchen nach allgemeinem Verständnis immer etwas mit Phantasie und Wunderwelt zu tun hat (da passieren Dinge, die in unserem Alltagsleben unmöglich sind) und weil ihm eine gewisse Kürze und Knappheit eigen ist (nicht ohne Grund ordnet man sie in der Gattung „Epik“ der Untergruppe „Kurzformen“ zu), ist üblich, die Gattung „Märchen“ literaturwissenschaftlich z. B. mit Lutz Röhrich (1974,

S. 299) als „eine kurze, nicht von den Bedingungen der Wirklichkeit abhängige, phantastische Erzählung“ zu umschreiben.

Man könnte diesen Definitionsversuch – mit Blick auf die Wortgeschichte und auf die später zu untersuchende fünfte These – wie folgt erweitern und als *eine* mögliche Umschreibung des Begriffs „Märchen“ festhalten:

- eine kleine, einfache und gern erzählte
- nicht an die Bedingungen des wirklichen Lebens geknüpfte
- wohl aber auf die Wirklichkeit der Kinder Einfluß nehmende
- phantastisch-wunderbare Geschichte.

Eine andere Möglichkeit, den Begriff „Märchen“ festzulegen und ihn von verwandten epischen Kurzformen wie „Sage“, „Fabel“, „Schwank“ oder „Legende“ bzw. von „phantastischen Kurzgeschichten“ abzugrenzen, ist es, typische Stilmerkmale zu benennen.

Max Lüthis Umschreibung vom Märchen als einer „Abenteuererzählung, die raffend, sublimierend und ordnend die wesentlichen Bezüge des menschlichen Daseins zur Darstellung bringt“ geht in diese Richtung.

Er schlägt folgende Aspekte zur begrifflichen Fassung der Märchen vor (Lüthi 1985):

- *Eindimensionalität:* Im Volksmärchen gibt es keine Unterscheidung zwischen Diesseits und Jenseits, zwischen Wirklichkeit und Wunder. Die Menschen verkehren mit Jenseitigen, als ob sie ihresgleichen wären; das Wunderbare ist dem Märchen nicht fragwürdiger als das Alltägliche.

- *Flächenhaftigkeit:* Die Märchenfiguren sind ohne Körperlichkeit und ohne Plastizität, ohne Innen- oder Umwelt, ihnen fehlen Gefühlsreaktionen, ihnen geht jede seelische Tiefe ab.

- *abstrakter Stil:* Das Volksmärchen kennt kein Bedürfnis nach Schilderung; bloße Benennung, scharfer Umriß reichen aus (einsträngige Handlungen auf ein Ziel hin, starre Formeln des Eingangs und des Schlusses, formelhafte Zahlen, meist dreifache Wiederholungen …).

- *Isolation und Allverbundenheit:* Die Handlungsträger stehen in keiner lebendigen Beziehung zu Familie, Volk oder einer Gemeinschaft; sie gehen allein in die Welt, sind vom Zufall abhängig und auf die Kräfte von magischen Helfern angewiesen.
- *Sublimation und Welthaltigkeit:* Im Volksmärchen entsteht eine eigene Welt, in der alles – Sitten und Gebräuche, Herkunft und Geschichte, aber auch Erotisches und Religiöses – entwirklicht und entleert erscheint und dennoch irgendwie real. Welthaltig sind sie, weil es durchwegs um universale Themen geht wie um „Liebe und Eifersucht“, „Verlobung und Hochzeit“, „Gewalt und Tod“, „Auseinandersetzungen zwischen Eltern und Kindern“, „Konflikte zwischen Geschwistern und Freunden“ …

Darüber hinaus sind auch weitere und andere charakteristische Strukturmerkmale der Märchen herausgestellt worden wie:

- Märchen sind in Ort und Zeit unbestimmt.
- Figuren und Schauplätze der Märchen sind nicht individuell gezeichnet.
- Gefühle und Beziehungen werden im Märchen durch Handlungen dargestellt.
- Märchen bringen keine differenzierte Darstellung von Eigenschaften und sozialen Rollen.
- Das Figurenarsenal der Märchen ist klein; Märchenhelden sind oft namenlos oder sie tragen Allerweltsnamen bzw. haben sprechende Namen.
- Märchen enden für die Guten glücklich, die Bösen werden – oft grausam – bestraft.
- Märchen legen ein besonderes Gewicht und damit ihre Sympathie auf den Letzten, Jüngsten, Dümmsten, Faulsten (sog. „Achtergewicht“).

Stichwort: Märchenphantasie

Bei der Frage, was das Typische an einem Märchen sei, denkt gewöhnlich jeder zuallererst an den Phantasieaspekt. Märchen sind phantastische Geschichten. Sie erzählen „von wunderbaren Begebenheiten, Zuständen und geheimnisvollen Kräften, die mit den Kategorien der konkreten Wirklichkeit nicht erklärbar sind.“ (Maier 1976, S. 33)

Es ist unübersehbar, daß gerade in unserer Zeit die Nachfrage nach phantastischen Texten besonders groß ist. Die Phantasiewelle, die mit Büchern wie *Krabat* von Otfried Preußler, *Die Brüder Löwenherz* von Astrid Lindgren oder mit Michael Endes *Unendliche Geschichte* in den 70er Jahren ihren ersten Höhepunkt hatte, hat sich zu einem Dauerzustand, zu einer Modewelle entwickelt und ihren absoluten Gipfel mit dem augenblicklichen „Harry-Potter-Boom“ erreicht.

Dafür gibt es natürlich Gründe. Man kann es auf das Bedürfnis junger Menschen nach Kompensation zurückführen, auf den Wunsch also, im Lesen einen Ausgleich zu finden in einer ansonsten stark rational bestimmten und geprägten Welt. Und solche phantastischen Bücher, aber auch die Märchen, lassen jene Parallelwelten auftauchen, die die Kinder ganz offensichtlich brauchen.

Damit ist die Frage tangiert, was „Phantasie“, insbesondere was „Märchenphantasie“ eigentlich ist und welche Funktion sie hat. Dies ist weithin ungeklärt und offen. Phantasie ist ein unscharfer, sehr dehnbarer und schillernder Begriff. Kinder allerdings sind sich diesbezüglich ziemlich sicher. Wenn man Zehnjährige befragt, was sie unter „Phantasie“ verstehen, bekommt man zur Antwort:

- „Phantasie ist, wenn ich mir was einbilde“,
- „Phantasie ist, was es in Wirklichkeit nicht geben kann“,
- „Phantasie ist, was nicht wirklich wahr ist“,
- „Phantasie ist das Gegenteil von Ernst“ …

Interessante Aussprüche sind dies, denn sie berühren vieles von dem, was man gemeinhin mit dem Begriff „Phantasie“ verbindet: ihre imaginative und produktive Kraft, das Abweichen von der Normalität, der freizügige Umgang mit faktischen Gegebenheiten, das spielerische Infragestellen des Gewohnten, ihre positive Gefühlsvalenz.

Wichtig ist die Feststellung, daß sich (Märchen-)„Phantasie“ und „Wirklichkeit“ keineswegs ausschließen, sondern aufeinander bezogen sind und zueinander in einem dialektischen Verhältnis stehen. Für Jens Thiele (1992, S. 84f.) führt die Phantasie zwar vorübergehend von der Realität weg, strebt aber danach, diese mit neuen Ideen zu füllen, mit neuen Augen zu betrachten und mit neuen Taten zu beleben. Damit wird die Gretchenfrage entscheidbar, ob Märchen und phantastische Kinderbücher zur „Flucht aus der Wirklichkeit“ führen oder „Hilfen zu ihrer Bewältigung“ leisten.

Phantasie in der Kinderliteratur kann ganz unterschiedliche Funktionen erfüllen: Sie kann progressiv und emanzipatorisch wirken, sie kann aber auch reaktionäre und antiemanzipatorische Qualitäten haben. Über ein Märchen lassen sich erzkonservative Ideen ebenso vermitteln wie zeit- und gesellschaftskritische Gedanken. Es ist also falsch, eine Vorliebe für Märchen und phantastische Geschichten von Haus aus mit Eskapismus in Verbindung zu bringen, und es ist töricht, phantastische und realistische Texte gegenseitig auszuspielen. Beide haben einen wichtigen Platz im Leben der Kinder. Nur wenn man beide Textarten in einer psychologisch richtigen Weise kombiniert, „wird das Kind in beiden Teilen seiner sich entfaltenden Persönlichkeit – im Rationalen und Emotionalen – angesprochen.“ (Bettelheim 1977, S. 55)

Phantastische Kindergeschichten – die Märchen eingeschlossen – haben immer auch einen Bezug zur Realität, sind alles andere als zeit- und wirkungslose Phantasiegespinste. Je nach Mischung und Gewichtung entstehen dann die typischen Ausprägungen phantastischer Literatur wie „irreal-phantastische Texte“ oder „konkret-phantastische Texte“ bzw. Textsorten wie „Märchen“, „Sage“ oder „phantastische Kindererzählung“. Bezogen auf den Grad und die Art, wie in ihnen Wirklichkeit und Nichtwirklichkeit verbunden sind, lassen sich grob folgende Unterschiede herausstellen (vgl. Maier 1976, S. 31ff.):

- *Märchen* sind Einwelt-Geschichten. Sie haben einen realen Ausgangs- oder Bezugspunkt („Vor einem großen Wald wohnte ein armer Holzhacker mit seiner Frau und seinen zwei Kindern ...“), verlagern ihre Handlung aber sehr bald in eine phantastische Dimension, wo irreale Erscheinungen und Kräfte das Geschehen bestimmen („... und als sie ganz nah herankamen, so sahen sie, daß das Häuslein aus Brot gebaut war und mit Kuchen gedeckt; aber die Fenster waren von hellem Zucker.“) Max

Lüthi hat dieses Ineinander von Realität und Irrealität, die Verflechtung diesseitiger und jenseitiger Welt bekanntlich als „Eindimensionalität" bezeichnet. Das spezifisch Märchenhafte läßt sich dadurch charakterisieren, daß diese Vermischung den Leser oder Hörer des Märchens nicht überrascht oder verwundert, sondern von ihm als völlig selbstverständlich an- und hingenommen wird. Ludwig Bechstein (1853) verglich die Märchen deswegen mit dem Kindesalter: „Ihm sind alle Wunder möglich, es zieht Mond und Sterne vom Himmel und versetzt Berge. Für das Märchen gibt es keine Nähe und keine Ferne, keine Jahrzahl und kein Datum, nur allenfalls Namen, und dann entweder sehr gewöhnliche, oder sehr sonderbare, wie sie Kinder erfinden."

- In den *Sagen* ist das Verhältnis zwischen realer und phantastischer Dimension anders. Die Sage hat im Unterschied zum Märchen einen Zweiwelten-Charakter. Schauplatz ist hier eine klar konturierte reale Welt, in welche magische Mächte, Über- und Unterirdische, einbrechen. Erzählt wird von einem unerhörten Ereignis, das sich anscheinend tatsächlich ereignet hat, was durch zeitliche, örtliche und personale Glaubwürdigkeitsbelege gestützt wird. In der Sage gilt das Prinzip der „Mehrdimensionalität"; Wirklichkeit und Nichtwirklichkeit stehen sich – mit betontem Abstand und auf unterschiedlichen Ebenen – als fremd und unvereinbar gegenüber. Die „Gegenwelt" wird als ganz außerordentliche und konträre dargestellt und wirkt auf den Leser – je nach Alter – faszinierend oder bedrohlich. Deshalb hat Ludwig Bechstein (1853) die Sage mit dem Jugendalter verglichen: „In ihr ist schon ein Sinnendes, Ahnungsvolles, ihr Horizont ist enger, aber klarer wie der des Märchens. Sie deutet bisweilen schon an, wann und wo dieses und jenes geschehen sei, in welchen Zeitperioden, in welchen Kriegen …".

- Den sogenannten *phantastischen Kindererzählungen* liegt eine ähnliche Struktur zugrunde. Auch sie spielen in zwei klar voneinander getrennten Welten, einer realen und einer wunderbaren. Aber anders als im Märchen, in dem diese beiden Ebenen fließend ineinander übergehen, stoßen sie in der phantastischen Erzählung plötzlich aufeinander; „es gibt einen sprunghaften Wechsel oder einen Umsteigepunkt von der einen in die andere Welt“ (Lange 1993, S. 115). Die Verbindung zwischen beiden Dimensionen kann dabei ganz verschiedene Formen annehmen (vgl. Klingberg 1974, S. 230ff.): Gleichgültig, ob Gestalten und Dinge (z.B. Kinder, ganze Gesellschaften, übernatürliche Tiere, lebendige Spielsachen) aus einer fremden Welt in der alltäglichen Welt auftreten oder umgekehrt Personen aus der normalen Welt in eine magisch-mythische Welt versetzt werden, der Anteil der Phantasie ist zwar stets maßgeblich, die grundsätzliche Ausrichtung aber vornehmlich realistisch und gegenwartsbezogen. Der Hauptunterschied zur Sage zeigt sich in der Beschaffenheit der irrealen Inhalte. Phantastische Kindererzählungen beschreiben keine „Gegenwelten“ wie die Sagen, sondern „Ander- und Wunderwelten“; sie sind in der Regel heiterer, liebenswürdiger und optimistischer angelegt als die oft sehr schwerfüßig, gewalttätig und unheimlich daherkommenden Sagen.

Märchen sind vielfältig und lassen sich nur schwer klassifizieren

Ebenso schwer wie sich Märchen begrifflich fassen lassen, lassen sie sich klassifizieren. Sicherlich, es gibt so etwas wie einen idealtypischen Erzählverlauf, eine Grundstruktur des Märchens. Sie könnte – nach Helmut Brackert (1994, S. 9) – so lauten: „Der Märchenheld, ob Frau oder Mann, zieht aus, um eine Aufgabe zu lösen; böse Mächte stellen sich der Lösung hindernd in den Weg; gute aber helfen mit Zauber- und Gegenmitteln; durch sie gelangt der Held schließlich trotz allerstärkster Gefährdung an Leib und Leben ans Ziel und gewinnt seinen Lohn: ein Reich, einen Königssohn oder eine Königstochter, die Brüder, einen Schatz, und dies geschieht nicht so sehr im Namen einer moralisch gegründeten Weltordnung, es geht vielmehr vor allem um die Sinnfälligkeit, mit der das Gute wieder in sein Recht gesetzt wird. Wichtig ist dem Märchen in seiner einfachen Ästhetik offenbar, daß zum Schluß ein harmonischer Zustand erreicht ist, der für die Folgezeit Glück und Zufriedenheit verspricht: ‘Und wenn sie nicht gestorben sind, so leben sie noch heute.’ “

Dieses Grundschema, Schwierigkeiten und ihre Bewältigung mit glücklichem Ausgang, trifft freilich nur auf eine bestimmte Gruppe der Märchen zu, auf die „eigentlichen“ Märchen, auf die Zauber- und Wundermärchen. Daneben aber gibt es eine Fülle ganz anders gearteter Märchen.

Den durchaus berechtigten Vorwurf anerkennend, allzu grob und holzhammerhaft vorzugehen, wird im folgenden eine Unterteilung der Gattung „Märchen“ nach „klassischen“ und „neuen“ Märchen vorgenommen, die dann wiederum jeweils zweifach gegliedert werden.

Die erstgenannte Gruppe, die *klassischen Märchen,* treten entweder als *Volksmärchen* oder als *Kunstmärchen* auf, wobei sich die Kunstmärchen so recht erst in der Nachfolge der Volksmärchen entwickelten, also erst nach dem Erscheinen der Grimmschen *Kinder- und Hausmärchen* von 1812.

Allen *Volksmärchen* ist gemeinsam, daß man den oder die Verfasser nicht kennt, daß sie – bevor sie von Märchensammlern (z. B. den weltweit berühmten Brüdern Grimm oder dem weniger bekannten Oberpfälzer Franz Xaver von Schönwerth) niedergeschrieben wurden – lange Zeit nur in der mündlichen Überlieferung gelebt haben und dabei auch verändert und ständig umgeformt worden sind und daß es zumeist eine Fülle von thematischen Varianten gibt. Zum Rotkäppchenthema beispielsweise hat Jack Zipes an die zweihundert verschiedene Fassungen aus vier Jahrhunderten und vielen Ländern bis hin nach China gefunden und Hans Ritz hat zusätzlich eine Fülle moderner Rotkäppchenvarianten gesammelt und vorgestellt.

Aber bereits die Volksmärchen stellen keineswegs eine einheitliche Gattung dar; sie lassen sich wiederum in verschiedene Unterarten gliedern. Auch die berühmteste aller Märchenausgaben, die *Kinder- und Hausmärchen* der Brüder Grimm, enthält neben den oben erwähnten eigentlichen Zauber- und Wundermärchen (wie *Schneewittchen*) eine Reihe von novellenartigen Märchen (wie *König Drosselbart*), schwankhaften Märchen (wie *Das tapfere Schneiderlein*), fabelähnlichen Geschichten (wie *Katze und Maus in Gesellschaft*) und legendären Erzählungen (wie *Muttergottesgläschen*).

Im Gegensatz zum Volksmärchen stammen die *Kunstmärchen* von einem namentlich bekannten Verfasser. Sie sind in ihrem Wortlaut schriftlich fixiert, im Umfang häufig größer, in der Handlungsführung meist komplizierter und in der Personenzeichnung oft komplexer als die Volksmärchen. Zwar sind sie ebenso wie die Volksmärchen im Bereich des Wunderbaren angesiedelt, eignen sich – im Unterschied zu jenen

– aber mehr zum (Vor-)Lesen als zum Erzählen. (Wer einmal versucht hat, ein Andersen-Märchen, etwa *Die Schneekönigin* oder *Der fliegende Koffer*, nachzuerzählen, wird dies bestätigen!) Zu den sogenannten Märchendichtern zählen Clemens Brentano, E.T.A. Hoffmann, Ludwig Bechstein, Wilhelm Hauff, Theodor Storm und vor allem Hans Christian Andersen. Von Andersen, dem großen dänischen Märchendichter, ist bekannt, daß er sich in seinen frühen Märchenerzählungen stark dem Charakter der Volksmärchen verpflichtet fühlte. Sein *Feuerzeug* oder seine *Wilden Schwäne* gehen auf die Volksmärchentradition zurück oder stehen ihr doch sehr nahe. Allerdings war Andersens Intention von Anfang an eine andere als die der Brüder Grimm. Ihm ging es nicht wie diesen um die Bewahrung eines alten Erzählgutes vor dem Vergessen und um Treue gegenüber der Überlieferung, er wollte nach Art und Struktur des Volksmärchens seine eigenen Geschichten erfinden und erzählen. Später dann entwickelte er daraus einen ganz neuen Kunstmärchentypus, der sich vor allem durch mehr Realität, größere Formenfülle, durch autobiographische Motive und zeitgeschichtliche Anspielungen auszeichnete.

Insgesamt aber muß festgehalten werden: *Das* Kunstmärchen gibt es ebenso wenig wie *das* Volksmärchen (vgl. Wührl 1984, S. 15). Wie schwer und heikel es ist, die Mannigfaltigkeit der Inhalte und Formen, in denen Kunstmärchen auftreten, unter ein Dach zu bringen, zeigt die Auswahl europäischer Kunstmärchen von Volker Klotz (1987), die von den *Märchen* Goethes über die bisweilen Romanformat annehmenden Kunstmärchen der deutschen Romantiker bis hin zu Kinderbüchern wie *Pinocchio* und *Alice im Wunderland* reicht.

Neben diesen beiden klassischen Märchenarten hat sich in der letzten Jahren eine zweite Gruppe, die *neuen Märchen*, entwickelt; damit sind Märchengattungen gemeint, die einmal in der Form der *veränderten Märchen* und zum andern als *moderne Märchengeschichten* auftreten.

Die *veränderten Märchen* lehnen sich eng an die Originalmärchen an, haben vieles mit ihnen gemeinsam, spielen mit ihnen oder reiben sich an ihnen, je nachdem. Sie kommen – je nach der Intention der Verfasser – in mindestens sechs Hauptformen vor:

- parodierte Märchen (= Märchenveränderungen, die sich gegen das Märchen als Gattung richten und das alte Märchengut in Frage stellen)
- zeit- und gesellschaftskritische Märchen (= Märchenveränderungen, die das Märchen als Mittel benutzen, um aktuelle soziale, politische und gesellschaftliche, aber auch geschichtliche Gegebenheiten zu kritisieren)
- frei variierte Märchen (= Märchenveränderungen, die – vom Original kreativ inspiriert – zu eigenen Gedanken und Phantasien finden und zu neuen literarischen Ausgestaltungen kommen)
- verbesserte Märchen (= Märchenveränderungen, die das traditionelle Märchen als literarisches Medium bestehen lassen, die einzelnen Texte jedoch den historisch veränderten Zuständen anpassen wollen)
- bearbeitete Märchen (= Märchenveränderungen, die den Kern des originalen Märchens unangetastet lassen, es aber formal und sprachlich so vereinfachen, daß sie bereits von Kleinkinder verstanden und – indem sie z. B. allzu gruselige und gewalttätige Sequenzen zurechtstutzen – auch verkraftet werden können)
- mediatisierte Märchen (= Märchenveränderungen, die sich dann ergeben, wenn sich Kassetten-, Film- oder CD-ROM-Produzenten eines Märchens bedienen und dabei notwendigerweise streckend oder kürzend, umstellend und akzentuierend in den Originaltext eingreifen. Davon mehr in der siebenten These.)

Es ist im Einzelfall oft schwer, die jeweilige Kategorie anzugeben; die Grenzen zwischen den vier erstgenannten sind fließend und es gibt Beispiele, wo sie sich überlappen und verschmelzen. Gerade Janosch, der bekanntermaßen gerne die Grimmschen Märchen neu erzählt, realisiert dabei die unterschiedlichsten Veränderungsmöglichkeiten: Er parodiert, kritisiert, variiert und verbessert – „häufig genug in ein und derselben Geschichte." (Offele-Aden 1986, S. 123)

Daß veränderte Märchen in großer Zahl entstehen, heißt noch lange nicht, daß alle, die sich mit Märchen beschäftigen, sie auch gutheißen. Es gibt Märchenkenner, die derartige Veränderungen für dringend erforderlich halten, und andere, die sie heftig beklagen und als schädlich erachten. Anteilsmäßig überwiegt bei den Märchenfreunden wohl die mehr oder weniger deutlich formulierte Absage und Kritik an den ihrer Meinung nach oft zu weitgehenden und zu respektlosen Veränderungen. Wie immer man sich angesichts des Streits um Märchen in originaler oder in veränderter Form verhalten mag, eines steht fest: Die Grimmschen Märchen haben sich bisher gegenüber allen Aktualisierungen und Bearbeitungen erstaunlich resistent gezeigt. Die Märchenveränderungen scheinen eher „ein Beweis für die große Anziehungskraft des Märchens zu sein, denn sie wären ohne Wert, wenn der Leser oder Hörer nicht zugleich die Anspielung auf das Originalmärchen zurückführen würde." (Degh 1983, S. 127)

Im Unterschied zu den veränderten Märchen lösen sich die *modernen Märchengeschichten* sehr viel stärker von den traditionellen Märchen. Sie greifen lediglich einzelne typische Märchenelemente und -züge auf, übernehmen das eine oder andere märchenhafte Requisit oder bedienen sich bestimmter Märchenformen und -strukturen. Dadurch werden sie zu viel eigenständigeren und unabhängigeren Texten, als dies bei den veränderten Märchen der Fall ist. Auch ist ihnen in aller Regel eine auf Gegenwärtiges oder Zukünftiges ausgerichtete Intention anzumerken. Allein aus der Titelwahl wird das Streben nach Eigenständigkeit und Emanzipation vom alten Märchen sichtbar. Während die veränderten Märchen schon in der Überschrift sehr deutlich die Verbindung zur literarischen Vorlage suchen (*Die neuen Bremer Stadtmusikanten* oder *Die Geschichte vom bösen Hänsel, der bösen Gretel und der Hexe*), sind die modernen Märchengeschichten mit Überschriften versehen, die keinen direkten Bezug zu einem der altbekannten Märchen erkennen lassen (*Das Märchen vom König ohne Gesicht* oder *Hinter der Tür*). Beispieltexte dazu findet man in den beiden Anthologien *Neues vom Rumpelstilzchen* und *Daumesdick*.

Ähnlich wie die veränderten Märchen stehen auch die modernen Märchengeschichten in der Kritik. Teilweise zu Recht, denn so manches, was unter dem Namen „Neues Märchen" produziert und vorgelegt wird, ist albern, fade, belanglos, mißraten und erweist sich als billiger Leseramsch. Oft scheitern die Erfinder neuer Märchen, weil sie mit der Doppelrolle nicht zurechtkommen, nämlich Märchenerzähler und moderner Kinderliterat in einem zu sein. Bisweilen gelingt aber auch dieser Spagat. Es gibt exzellente, glänzend erfundene Stücke unter ihnen, die es wert sind, mit Kindern gelesen zu werden. *Der Wunderkasten* des hochgerühmten Märchenerzählers und Märchenerfinders Rafik Schami gehört dazu oder *Der Aufzug*, ein „Liftmärchen", in dem Paul Maar mit dem Märchen *Schneewittchen* und den Märchenzahlen „Drei" und „Sieben" jongliert (vgl. Sahr 2000, S. 93ff.).

Bei den Märchenkennern sind drei unterschiedliche Haltungen gegenüber derartigen veränderten oder modernen Märchen auszumachen:

- Es gibt solche, denen die neuen Märchen von Haus aus suspekt erscheinen und die sie – zumindest für Kinder im

Grundschulalter – strikt ablehnen und an ihnen kaum ein gutes Haar lassen.

- Es gibt andere, die akzeptieren sie, sofern nicht darauf abgehoben wird, sie in die Rubrik „Märchen" einzuordnen.
- Wieder andere fordern solche Veränderungen geradezu, halten sie für dringend notwendig; ihre Devise lautet: Wer will, daß die alten Märchen bleiben, darf sie nicht unter eine Glasglocke stellen!

Zugegeben: Neue Märchen gibt es viele – gute aber sind rar! Gut sind sie dann, wenn sie – ähnlich wie ihre Vorläufer – in einer sehr bildhaften Sprache geschrieben und abwechslungsreich im Geschehen sind, wenn sie sich flüssig erzählen lassen und einprägsame (Identifikations-)Figuren anbieten. Texte, die diesen Voraussetzungen genügen, werden von den Kindern erfahrungsgemäß sehr gern gelesen. Für die häusliche und die schulische Lektüre ergibt sich die reizvolle Möglichkeit, ein altes Märchen neben ein neues zu stellen und miteinander zu vergleichen, also bereits mit Dritt- und Viertkläßlern Literatur in vergleichender Betrachtung zu erschließen. Auf diese Weise läßt sich übrigens auch die Zeit gut überbrücken, in der die Märchenbegeisterung der Kinder im Abklingen begriffen ist, bevor die Märchen später wieder interessant werden, in einer ganz anderen Weise freilich, nicht mehr im „naiven Glauben" an die Wahrhaftigkeit der Geschehnisse, sondern mit dem „vollen Bewußtsein ihrer Erfindung", wie es Stefan Zweig einmal ausdrückte – also ab dem neunten, zehnten Lebensjahr.

Grundsätzlich sollten deswegen die Lehrerinnen und Lehrer den Versuchen, Märchen zu verändern und neue Märchengeschichten zu erfinden, mit Gelassenheit, besser noch mit Interesse und Aufgeschlossenheit gegenüberstehen. Aus der Sicht der Schüler (von der dritten Klasse an aufwärts) erweist sich allen Erfahrungen nach das Neben- und Miteinander von Originalmärchen und veränderten Märchenformen als überaus reizvoll und inspirierend.

Stichwort: „Rotkäppchen" – mal so und mal so

Am Beispiel des Rotkäppchen-Motivs sollen die obengenannten veränderten Märchenarten verdeutlicht werden.

„Rotkäppchen" im Original

Den Inhalt der Grimmschen Rotkäppchenfassung, die bekanntlich auf eine französische Erzählung von Charles Perrault zurückgeht, kann man in knappster, wenngleich sehr eigenwilliger Form so umschreiben (Mallet 1981, S. 81):

„Die Geschichte eines sympathischen kleinen Mädchens, das die Anweisungen der Mutter gröblichst mißachtet, ungehorsam vom rechten Weg abgeht, voller Neugier die Großmutter und den Wolf betrachtet und dabei unversehens verschlungen wird." Weniger bekannt ist, daß in den *Kinder- und Hausmärchen* der Brüder Grimm ungewöhnlicherweise eine weitere Rotkäppchen-Fassung zu finden ist, die ebenso wie die erste – aber im Gegensatz zur Perraultschen Vorlage – mit dem Sieg über den bösen Wolf endet.

Tomi Ungerer

Die erste Fassung endet mit dem Bauch-Aufschneiden und dem Zu-Tode-Stürzen des Untiers und erinnert an das Märchen *Der Wolf und die sieben jungen Geißlein.* In der zweiten Fassung frißt der Wolf weder Großmutter noch Mädchen, sondern stürzt vom Dach in einen Trog mit Wurstsuppe und ertrinkt darin. Diese zweite, relativ spannungslos wirkende Version hat sich gegen die erste nicht behaupten können. Allzu tölpelhaft und töricht wird der Wolf dargestellt, als daß dies vom jungen Leser oder Hörer abgenommen würde.

„Rotkäppchen" als parodiertes Märchen

Eine bekannte Rotkäppchen-Parodie stammt von Janosch. Er verwendet eine simple, aber wirkungsvolle Form, um die Gattung „Märchen" anzugreifen und zu kritisieren: Er läßt ein elektrisches Rotkäppchen auftreten, das sich auf den Weg zur elektrischen Großmutter macht. Im elektrischen Märchenwald begegnet ihm ein elektrischer Wolf. Am Ende muß eine Elektriker dem elektrischen Wolf den Strom abklemmen und die elektrische Oma und das elektrische Rotkäppchen aus dem Wolfsbauch befreien. Indem Janosch an allen möglichen Stellen das Wörtchen „elektrisch" (wahlweise auch „viereckig", „chinesisch", „kariert" oder „durchsichtig") einschiebt, attackiert er über die tradierte Vorlage des Märchens hinaus auch die heutigen elektrisch betriebenen „Märchenwunderwälder".

„Rotkäppchen" als zeit- und gesellschaftskritisches Märchen

Eine eindrucksvolle, keineswegs zu weit hergeholte Verwendung des Rotkäppchen-Motivs in einer zeitkritischen Kindergeschichte findet sich im Bilderbuch *Rosa Weiss* des italienischen Künstlers Roberto Innocenti. Er verschmolz das Grimmsche Kindermärchen mit den alptraumartigen Erlebnissen des Mädchens Rosa Weiss, die es mit den Opfern des Holocausts hatte. Schon in der Titelvignette sieht der Leser „das Bild einer langen, mit Pfützen übersäten Straße, an deren Ende die Heldin mit einer Tasche voller Essen in den Wald rennt; ihre Haare schmückt eine rote Schleife. Die Anspielung auf Rotkäppchen mit dem roten Käppchen und dem Korb mit Kuchen und Wein auf dem

Weg zum Haus der Großmutter ist unmißverständlich." Natürlich handelt es sich bei dieser Geschichte weniger um ein „verändertes Märchen" im eigentlichen Sinne, aber sie benutzt Elemente des alten Märchens als Rahmen für tapferen jugendlichen Widerstand in der dunkelsten Zeit der jüngsten deutschen Geschichte. Damit werden wir daran erinnert, „daß Märchen menschliche Schicksale und Gefühle in ihrer extremsten Form und Ausprägung einfangen und ein geeignetes narratives Mittel zur Darstellung des Melodramas geschichtlicher Ereignisse sind, die sich intellektuellem Verstehen entziehen." (Tatar 2001, S. 287f.)

„Rotkäppchen" als frei variiertes Märchen

Frei variierte Rotkäppchen-Versionen sind besonders zahlreich anzutreffen. Eine recht gut gelungene hat sich Friedrich Karl Waechter ausgedacht. Er erzählt das überlieferte Märchen sozusagen mit umgekehrten Vorzeichen. Konsequent vertauscht er alle Rollen, stellt alle Figuren auf den Kopf – Rotkäppchen wird zum Wolf, die Oma zum Opa, krank zu gesund, erfreut zu verärgert ... – und deutet das Märchen dadurch vollkommen um. Seine Geschichte entspringt der Freude am Experimentieren mit Texten, dem Spaß an sprachlichen Verdrehungen und Verfremdungen. Es geht ihm aber auch um das Aufweichen und Aufbrechen einer Haltung, die viele Kinder den Märchen gegenüber einnehmen, wenn sie auf wortwörtlicher Wiederholung des Textes und einen unumstößlich festgelegten Handlungsverlauf bestehen. Zu den frei variierten Rotkäppchen-Versionen kann man auch die Gedichts- und Liedfassungen (etwa Rolf Krenzers *Mini-Märchen* oder Fredrik Vahles *Rotkäppchenlied*) zählen, die sich besonderer Beliebtheit erfreuen und die versuchen, die Beziehungen zwischen Kind und Märchen auf spielerische und Spaß bereitende, aber auch Nachdenken auslösende Weise neu zu beleben.

„Rotkäppchen" als verbessertes Märchen

Märchen-„Verbesserungen" erfolgen aus unterschiedlichen Motiven. Manchen Verfassern geht es um die Aktualisierung der Originale durch Requisitenerneuerungen, durch Übertragung in die Gegenwartssprache und in ein zeitadäquates Milieu, andere sind mehr von pädagogischen Überlegungen geleitet und wollen antiquierte Erziehungsvorstellungen und überholte Weltanschauungen eliminieren und durch zeitgemäßere ersetzen. Eine Rotkäppchen-Version, die aus pädagogischen Gründen Umgestaltungen und Eingriffe vornimmt, hat Otto Friedrich Gmelin vorgelegt. „Die Grimmschen Märchen sind für eine andere Zeit geschrieben; das Weltbild, das sie unseren Kindern bieten, stimmt in zu vielen Punkten nicht mehr; ihre Moral steht einer Reihe von Erziehungszielen, an die wir glauben, diametral entgegen" (Gmelin 1972, S. 18ff.). Dieser These entsprechend formt Gmelin das kindlich-naive, arg- und hilflose Rotkäppchen zu einem aufgeklärten, sich selbst und anderen helfenden Mädchen um. Mit relativ geringen sprachlichen Abweichungen, aber einem völlig anderen Schlußkonzept versucht Gmelin, das überholte weibliche Rollenverständnis des Märchens zu revidieren: Sein Rotkäppchen ist keine schutzbedürftige „kleine süße Dirne", sondern eine aktive „Heldin". Als furchtloses und schlaues Mädchen hat es sich vor seinem Gang durch den Wald vorsorglich mit einem Feldmesser bewaffnet und befreit sich und die Großmutter mit Hilfe dieses Messers selbst aus dem Bauch des Wolfes.

„Rotkäppchen" als bearbeitetes Märchen

Ähnlichen pädagogischen Gründen verdanken die bearbeiteten Märchen ihre Existenz. Hier ist es allerdings der Bewahr- und Behütungsaspekt, der im Vordergrund steht, also die Sorge, ob nicht bestimmte Gewalt- und Grausamkeitsaspekte im Märchen den (Vorschul-)Kindern schaden. Dick Brunas kleinkindliches Rotkäppchen kann dazu als Beispiel angeführt werden. Bereits der Blick auf das rund, bunt und dick umrandet gemalte Rotkäppchen auf dem Titelbild zeigt: Es handelt sich um ein besonders liebenswertes, schüchternes und harmloses kleines Mädchen, das dem Wolf recht ängstlich gegenübersteht und „für ganz kleine Kinder" gedacht ist. Die Handlung wird stark verkürzt. So fehlt die für allzu besorgte Eltern anrüchige Passage, in der der Wolf zu Tode kommt; sie wird hier schlicht als überflüssig erachtet.

„Rotkäppchen" als mediatisiertes Märchen

Bezogen auf Rotkäppchen-Kassetten sind alle Bearbeitungsformen und Güteklassen im Handel erwerbbar:

- von billig produzierten Hörfolgen, die sich von der originalen Fassung so weit entfernen, daß das Märchen auf eine Aneinanderreihung von „Höhepunkten" und „action"-Momenten reduziert und durch Überbetonung der „Moral" zu einer pädagogisierten Handlungsanweisung verwandelt wird (Europa)
- über schlicht rezitierte Märchenfassungen, wie die vom legendären Heinz Rühmann, der sechs Grimmsche Märchen anläßlich seines 90. Geburtstags auf einer CD der Deutschen Grammophon mit sanfter und doch unbeirrbarer Stimme vorliest
- bis hin zu sehr niveauvollen und sorgfältig erstellten Inszenierungen, wie die Rotkäppchen-Variante von Marcel Aymé, die in der Reihe *Kater Titus erzählt* ebenfalls bei der Deutschen Grammophon erschienen ist und in der erzählt wird, was Delphine und Marinette – zwei kleine, mutige Mädchen – „eines Tages mit dem Wolf erlebten."

Verfilmungen des Rotkäppchen-Stoffes gibt es ebenfalls in ganz unterschiedlichen Qualitätsgraden: den heutigen Kindern kaum mehr zumutbaren Realfilm aus den 50er Jahren, in dem Rotkäppchen – mit allen hausfraulichen Talenten gesegnet – sich nicht nur um die Großmutter, sondern kurioserweise auch noch um eine Handvoll Brüder kümmern muß, einen ausgesprochen witzigen und zeichnerisch geglückten Zeichentrickfilm aus der ehemaligen DDR, eine alte Kurzfilmfassung von Walt Disney aus dem Jahre 1934, eine Verfilmung der Rotkäppchen-Version von Jewgeni Schwarz von 1962 und eine ganz neue aus der eingangs kritisierten Märchenserie SimsalaGrimm.

Märchen sind nicht unumstritten, werden aber gegenwärtig hoch geschätzt

Nicht nur bei speziellen Problemen wie der Berechtigung und Notwendigkeit von veränderten und neuen Märchen gehen die Meinungen auseinander, auch die Frage, ob das Märchen an sich eine geeignete Textgattung für Kinder sei, wurde immer wieder (und wird sicherlich auch zukünftig) neu gestellt und unterschiedlich beantwortet. Im Augenblick ist man sich der Sache allerdings relativ sicher.

Die gegenwärtig sehr positive Einschätzung der Märchen läßt sich gut auf dem Gebiet der theoretischen Auseinandersetzung mit Märchen ablesen. Dies gilt rein quantitativ: Mit neuer Sekundärliteratur über Märchen lassen sich ganze Bücherregale füllen. Und dies trifft für die inhaltliche Seite zu: Von der Anti-Märchen-Welle früherer Jahre ist so gut wie nichts zu spüren. „Dafür hat vor allem Bruno Bettelheim, der Chicagoer Psychoanalytiker und Pädagoge, gesorgt, der mit der lapidaren Feststellung 'Kinder brauchen Märchen' allen 'Entgrimmern' die Bedeutung des Märchens für die Entwicklung der kindlichen Persönlichkeit entgegengehalten hat." (Gärtner 1978, S. 182)

Spiegelten sich in der Sekundärliteratur lange Zeit die erheblichen Kontroversen zwischen den Literaturexperten wider, so stehen die meisten der heute geschriebenen Beiträge den Märchen positiv gegenüber.

Das war nicht immer so. Es gab Zeiten, in denen man die Märchen von ihrem Podest herunterholen, entmystifizieren wollte, weil man – mit Otto Friedrich Gmelin (1972, S. 42) – fürchtete, *„Böses käme aus Märchen*". „Märchen sind keine freien Phantasiegeschichten, sondern konkrete, historisch bedingte, ökonomisch notwendige Handlungsanweisungen für Kinder und Erwachsene. Sie spiegeln bestimmte historische Zustände und Familiensituationen wider ... Sie sind – auf heute bezogen – immer falsch, d. h. immer ideologisch."

In dieser Zeit wurden – wie Gertrud Paukner und Lene Mayer-Skumanz (1978, S. 96) auflisteten – massive Einwände gegen das Märchenerzählen vorgebracht und aufgekocht:

- Märchen sind unmodern; sie präsentieren und konservieren gesellschaftliche Zustände aus früheren Jahrhunderten; in ihnen gibt es nur Herrscher und Untertanen, Landbesitzer und Besitzlose.
- Märchen erziehen zum Jasagen. Sei demütig und fromm – als Mädchen, tapfer und verwegen – als Junge, dann wird es dir gutgehen im Leben.
- Märchen prägen Vorurteile: gegenüber Stiefmüttern und -schwestern, gegen alte Frauen, gegen Außenseiter.
- Märchen sind lebensfremd. Sie zeigen eine Welt von extrem Guten, die belohnt werden, und extrem Bösen, die härteste Strafen erhalten; so erziehen sie die Kinder zur Flucht in eine Schein- und Wunschwelt.
- Märchen schildern Grausamkeiten. Hexen werden verbrannt, Kinder ausgesetzt, junge Mädchen vergiftet, Tiere getötet; sensible Kinder werden dadurch verschreckt und robuste geradezu zur Brutalität erzogen.

Demgegenüber steht Bruno Bettelheim (1977, S. 17f.) mit seinem appellativen Buchtitel *Kinder brauchen Märchen*, in dem Sätze stehen wie „Das Märchen unterhält das Kind, klärt es über sein Inneres auf und fördert seine Persönlichkeitsentwicklung." Oder: „Märchen sind einzigartig, nicht nur als Literaturgattung, sondern als Kunstwerke, die das Kind gänzlich erfassen kann wie keine andere Kunstform." Oder: Märchen geben einen „einzigartigen Beitrag ... zur moralischen Erziehung des Kindes."

Selbst in der Kinderliteratur wird der Meinungsstreit über Märchen ausgetragen: Mit zwei neueren Bilderbüchern, beide im Jahre 1994 erschienen, läßt sich das belegen:

Die Kinder vom Meer im gleichnamigen Bilderbuch von Jaume Escala mit den Illustrationen von Carme Solé Vendrell leben in elenden Hütten am Meeresstrand, decken sich mit Pappdeckeln zu und wärmen sich am Feuer in einer Blechtonne. Da tritt ein Mann auf, der den Kindern von der Wunderkraft der Märchen erzählt. Aber die alten „Zaubergeschichten" prallen an den Kindern ab. Wer wie sie hungert und friert, kann mit Märchen nichts anfangen. Hilflos und bitter enttäuscht muß der Märchenerzähler am Ende mit ansehen, wie ein frierender Junge sein Märchenbuch packt und in das erlöschende Feuer wirft, um sich und seine Freunde noch ein Weilchen länger zu wärmen. Die Kernzeilen im Vorwort, das der spanische Dichter León Felipe geschrieben hat, lauten: „Nur wenig weiß ich, das gebe ich zu, / aber mit allen Märchen wurde ich immer eingelullt, / und ich kenne die Märchen alle."

Das Gegenstück zu diesem provozierenden Bilderbuch über die Ohnmacht der Märchen bildet die ganz in der Tradition der Bettelheimschen Forderung „Kinder brauchen Märchen" (samt der Umkehrung in „Märchen brauchen Kinder") stehende Geschichte *Rettet das Märchenland!* von Lothar Klose mit den Bildern von Renate Seelig. Ein Junge namens Alexander soll das durch die zunehmende Technisierung und Medienüberflutung bedrohte Märchenland retten. Dazu begibt er sich in die Märchenwelt und begegnet dort altbekannten Märchenfiguren wie Dornröschen, Frau Holle, Rotkäppchen, Schneewittchen, Aschenputtel, Froschkönig, Rapunzel, Hänsel und Gretel, die – in Vergessenheit geraten und „arbeitlos" geworden – wie Trauerklöße herumsitzen und sich bereits „in Luft aufzulösen" beginnen. Sie bitten Alexander um Hilfe. Am Ende der Geschichte weiß er die Lösung: Die Menschen müssen sich wieder mehr Zeit nehmen zum Märchenlesen und Märchenspielen – nur so kann das Märchenland gerettet werden!

Helfen die Märchen dem Kinde, das sie liest oder ihnen lauscht, oder sind sie, weil sie veralteten Moralvorstellungen huldigen und Gewalttätigkeiten vor Augen führen, verderblich?

Warum man diese Frage nicht mit einem eindeutigen „So ist es und nicht anders" beantworten kann, liegt zum geringeren Teil an der schon erwähnten Tatsache, daß Begriff, Entstehung und Alter umstritten sind; viel gravierender ist, daß man sich über Sinn und Funktion der Märchen nicht einigen kann. Der Bogen spannt sich von „Steigerung des Lebensmutes" bis „Vergiftung der Kinderseelen", von „Existenzerhellung" bis „bloße Unterhaltung", von „Förderung der Autonomie des Kindes" bis „Erziehung zur Angepaßtheit".

Im Grunde kreisen die Meinungsgegensätze, die über die Bedeutung der Märchen als Kinderliteratur existieren, um drei Probleme,

- den Erziehungsaspekt
  Hier geht es vor allem um die Frage, ob Märchen emanzipatorische Texte sind, die die Suche nach Freiheit und Glück abbilden, die Existenzhilfen vermitteln und die Autonomie und Ich-Entfaltung des Kindes fördern oder ob Märchen die Unveränderbarkeit der Gesellschaft predigen, zur Anpassung und zum Jasagen erziehen.

- den Grausamkeits- und Gewaltaspekt
  Der Meinung, Märchen bereiten auf das Grausame im Leben vor, verheißen Trost und Hilfe und steigern den Lebensmut, steht die andere Meinung diametral gegenüber: Märchen sind grausam und schildern Grausam- und Gewalttätigkeiten offen und geradezu unbeteiligt.

- den Realitätsaspekt (zu ihm in der folgenden These Näheres)
  Die Pro-Seite ist der Auffassung: Märchen zeigen durchaus die Lebenswirklichkeit, allerdings auf sublimierte

Weise. Die Contra-Seite bringt vor: Märchen lenken die Kinder von ihren tatsächlichen Problemen ab, sind lebensfremd und bloße Unterhaltung; sie erziehen die Kinder zur Flucht in eine Traum- und Phantasiewelt.

Meinungsgegensätze über Märchen im Überblick		
	Pro	*Contra*
Pädagogisch-soziologischer Aspekt	Märchen sind emanzipatorische Texte; sie bilden die Suche nach Freiheit und Glück ab. Märchen vermitteln Existenzhilfen; sie fördern die Autonomie des Kindes und seine Ich-Entfaltung	Märchen predigen die Unveränderbarkeit der Gesellschaft. Sie konservieren gesellschaftliche Zustände früherer Jahrhunderte. Märchen erziehen zum Jasagen und zur Anpassung.
Grausamkeitsaspekt	Märchen bereiten auf das Grausame im Leben vor. Märchen verheißen Trost und Hilfe und steigern den Lebensmut.	Märchen sind grausam; sie schildern Grausam- und Gewalttätigkeiten offen und geradezu unbeteiligt.
Realitätsaspekt	Märchen sind symbolische Darstellungen der Dynamik des Unbewußten. Märchen zeigen die harte Wirklichkeit auf sublimierte Weise. Märchen bilden eine Korrektur der Realität.	Märchen bieten irrationale Lösungen an. Märchen lenken die Kinder von ihren tatsächlichen Problemen ab. Märchen sind lebensfremd, bloße Unterhaltung und erziehen die Kind zur Flucht in eine Scheinwelt.

Das Eigenartige daran ist, daß all diese Thesen – auch wenn sie gegensätzlich sind – durchaus eine gewisse Berechtigung beanspruchen können. Es sind verschiedene Blicke auf denselben Gegenstand, und keiner ist ganz falsch. Es kommt immer darauf an,

„Auflösung“

- welche Kinder man vor Augen hat (in welchem Alter sie sich befinden, ob sie sehr ängstlich und behütet aufgewachsen sind ...),
- von welchem speziellen Märchen man spricht (ob vom gutherzig-sanften *Sterntaler* oder vom *Eigensinnigen Kind*, von der unbarmherzigen *Frau Trude* oder vom gewitzten *Tapferen Schneiderlein* ...),
- welche Erzählsituation vorliegt (ob das Märchen von einer vertrauten Person erzählt bzw. vorgelesen oder über eine Kassette bzw. ein Videogerät „reingezogen“ wird ...)
- von welchem Standpunkt, von welcher Wissenschaftsrichtung her man argumentiert (ob man wie Bruno Bettelheim oder Ottokar Wittgenstein von der Psychoanalyse, wie Christa Bürger von der Soziologie, wie Karl Ernst Maier von der Erziehungswissenschaft, wie Klaus Doderer von der Literaturwissenschaft oder wie Monika Born oder Helga Zitzlsperger von der Didaktik herkommt, ob man als Jurist oder als Historiker urteilt ...).

Mag es stimmen, daß der Streit um den (pädagogischen) Nutzen oder Schaden der Märchen so alt ist wie die Märchen selbst, mag es zutreffen, daß es zu allen Zeiten euphorische Märchenverfechter ebenso gegeben hat wie fanatische Märchengegner: Märchen haben bis heute weder bei den Heranwachsenden noch bei den Erwachsenen ihre Faszination verloren. Im Gegenteil: „Jedermann weiß, welch ungeahnter Beachtung sich heutzutage das Märchen wieder erfreut.“ (Scherf 1982, S. 13)

Die Meinungsgegensätze, die über die Bedeutung der Märchen als Kinderliteratur in den vergangenen drei, vier Jahrzehnten formuliert und diskutiert wurden, tauchen natürlich wieder auf, wenn es um die schulische Auseinandersetzung mit Märchen geht. Die Beschäftigung mit den Märchen als

Unterrichtsgegenstand verlief ähnlich aufregend und anregend wie die allgemeine Märchenkontroverse.

Neben jene Lehrer, die sich traditionsgemäß dem Märchen positiv zuwandten, traten zunehmend solche, die gegen eine bloße Bewahrung der Märchen und eine unreflektiert hingenommene Selbstverständlichkeit der Märchenbehandlung ankämpften oder die – im rigorosesten Fall – Märchen heftig ablehnten.

Dieser Streit ist keineswegs entschieden. Zwar ist für die meisten Lehrer die Zeit ein für allemal vorbei, in der Märchen in Schule und Erziehung verpönt waren, aber es gibt immer noch eine Reihe anderer, die es für nicht sonderlich sinnvoll halten, es vielleicht sogar überflüssig finden, ihren Schülern Märchen zugänglich zu machen.

Auf jeden Fall sollen Lehrer gegenüber dem „Märchen als Unterrichtsgegenstand" eine sehr bewußte, abgeklärte und weitgehend objektivierte Einstellung einnehmen. Wer die Märchen als maßgebliche Texte versteht, die nicht einfach vorhanden, hin- und durchzunehmen sind, sondern immer wieder neu erschlossen und in ihrer Bedeutung für die Schüler neu begründet werden müssen, hat sicherlich nicht die schlechteste Position bezogen.

Stichwort: Märchenanalyse – aber wie?

Die erste Frage, die sich Lehrer stellen, wenn sie ein Märchen in den Mittelpunkt ihres Unterrichts rücken wollen, lautet: Welches der vielen in Betracht kommenden Märchen ist das passendste für meine Schüler und das geeignetste für meine unterrichtlichen Ziele?

Darauf eine überzeugende Antwort zu finden ist im Einzelfall durchaus problematisch. Für die Auswahl der Märchen gelten die gleichen Schwierigkeiten, die auch bei der Beurteilung aller anderen ästhetischen Produkte für Kinder auftreten: das Problem des stellvertretenden Urteilens „im Namen der Kinder", die Gefahr des allzu subjektiven Wertens, das Fehlen eines verbindlichen, von allen anerkannten Kriterienkatalogs (vgl. Sahr 2001, S. 129 ff.).

Aber nicht nur die Lehrer haben sich immer wieder analysierend und wertend mit Märchen auseinanderzusetzen, auch die Schüler sollen lernen, wie man Märchen analysiert. Moderne Unterrichtsverfahren wie das „kreative Lesen und Schreiben" und der „handlungs- und produktionsorientierte Literaturunterricht" schließen das Analysieren und Interpretieren ja keineswegs aus, sondern setzen entsprechende Operationen als unverzichtbar voraus – nicht jedoch um des Analysierens willen, sondern als Mittel zum Zweck, um dadurch die Äußerungskompetenz der Schüler in Bezug auf das Gelesene anzubahnen und zu verbessern. Bei der Arbeit mit Märchen lassen sich kindgemäße Erlebnis- und Handlungsorientierung und stärker kognitiv ausgerichtete Textanalyse ausgezeichnet miteinander verbinden (vgl. Heitmann 2000, S. 141 ff.).

Die Frage ist also nicht, ob Schüler analysierende und interpretierende Verfahrensweisen lernen und üben sollen, sondern wann und in welcher Form dies geschehen soll. Dabei ist sicherlich ein spiralartiges Vorgehen zu empfehlen, bei dem die Schüler – in der Grundschule mit einfachen Formen und Übungen beginnend („Was geschieht in diesem Märchen eigentlich?" – „Was ist damit gemeint?" – „Was könnte die Botschaft des Märchens sein?" – „Wie ist das Märchen gebaut?" – „Was fällt dir an der Sprache auf?" ...) – mit dem Analysieren und Interpretieren von Märchen allmählich immer sicherer und vertrauter werden.

In der Geschichte der Literaturwissenschaft sind zu verschiedenen Zeiten verschiedene Methoden der Textanalyse mit je unterschiedlicher Gewichtung einzelner Komponenten entwickelt worden, die man natürlich auch auf die Märchen übertragen kann (vgl. Beisbart / Marenbach 1997, S. 105 ff.):

- Die *positivistische Methode* nähert sich einem Text naturwissenschaftlich, über das Kausalitätsprinzip, und versucht, ihn über die Lebens- und Arbeitsbedingungen des Autors zu „erklären". Eine Märchenanalyse auf dieser Ebene legt den Schwerpunkt auf die persönliche Geschichte und das kulturelle Umfeld des jeweiligen Märchensammlers oder -dichters und ist besonders an der Herkunft, Verbreitung und Wirkungsgeschichte des Märchens interessiert.

- Die *geistesgeschichtliche Methode* untersucht, wie ein Text zur geistigen Kultur der Zeit steht und versucht, den Sinngehalt des Märchens mit Blick auf den jeweils herrschenden „Volks- und Zeitgeist" herauszuarbeiten. Eine geistesgeschichtlich ausgerichtete Märchenanalyse wird immer im Kontext zur jeweiligen Kultur der Zeit zu erstellen sein, so wie es – in ideologisch verzerrter Form – während des „Dritten Reiches" üblich war, die Qualität der Märchen von seiner Beziehung zum „Deutschtum" abhängig zu machen, um es in den Dienst einer „deutschnational" ausgerichteten Erziehung zu stellen.

- Die *werkimmanente Methode* betrachtet – frei von allem Gesellschaftlichen, Biographischen, Politischen oder Zeitgeistigen – den Text an und für sich, bleibt also ganz dicht am Text und konzentriert sich vor allem auf dessen „Gehalt-Gestalt-Einheit". Eine Märchenanalyse dieser Art richtet ihr Hauptaugenmerk auf die literarästhetischen Seite; im Zentrum steht die Frage nach der Korrespondenz zwischen Inhalt und Form; ein weiteres wichtiges Qualitätskriterium ist, ob das betreffende Märchen die typischen Stil- und Gattungsmerkmale aufweist.

- Die *strukturalistische Methode* geht nicht auf die Geschichte des Textes, die Absichten des Autors oder die möglichen Reaktionen der Leser ein, sondern bemüht sich, die innere Struktur eines Textes herauszufinden. Bei einer Märchenanalyse nach dieser Methode steht der Erzählverlauf eines Märchens im Mittelpunkt und die Frage, inwieweit er der „Urform" eines Märchens entspricht; von Interesse sind außerdem die klare Zuordnung zur Gattung „Märchen" bzw. einem bestimmten Märchentyp und das verwendete Wortmaterial, das mit statistischen Verfahren untersucht wird.

- Die *soziologische Methode* setzt voraus, daß jeder Text ein Reflex auf eine bestimmte gesellschaftliche und politische Situation darstellt und ist deswegen vor allem an der Wechselbeziehung des Autors mit seinen Lesern vor dem geschichtlich-gesellschaftlichen Hintergrund interessiert. Auch die Märchen werden als Spiegelungen gesellschaftlicher und politischer Zustände verstanden. Untersucht wird, ob es Parallelen zur Gegenwart gibt. Zu der Zeit, als dieser Ansatz aktuell war, wurden die Märchen heftig kritisiert, weil man in ihnen Gesellschaftsstrukturen entdeckte, die als überholt und veraltet galten.

All diese Methoden sind mit Mängeln und Einseitigkeiten behaftet, so daß heute die Meinung vertreten wird, eine Methodenintegration sei der beste Weg. Diesem Ziel am nächsten kommt wohl die *wirkungsgeschichtlich-rezeptionsästhetische Methode,* die auf der Kommunikationstheorie basiert und vier Analyseaspekte herausstellt: „Text", „Autor", „Leser" und „Vermittlung".

Eine Märchenanalyse nach diesem Ansatz wird demzufolge

- eine Auseinandersetzung mit dem Märchentext (inhaltliche Aussage, formale Gestaltung, Märchentyp und -motiv),
- eine Beschäftigung mit dem Sammler oder Dichter des Märchens (biographische Angaben, Sprach- und Erzählstil, mögliche Ziele und Wirkabsichten),
- die Passung von Kind und Märchen (anthropologische und entwicklungspsychologische Befindlichkeit der Schüler, ihre Fähigkeiten und Vorlieben bei der Rezeption und Verarbeitung von Texten) und
- die Möglichkeiten einer Vermittlung des Märchens (Auswahlbegründung, geeignete didaktische Verfahrensformen zur Rezeption und Verarbeitung des Märchens, Dauer des Märchenprojekts)

ins Auge fassen.

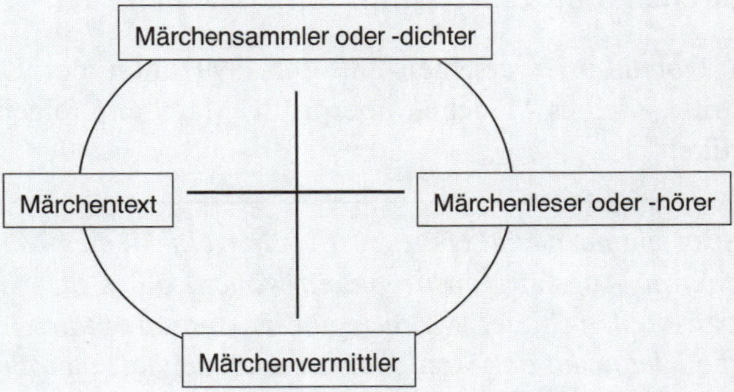

Märchenanalysen durchlaufen – prozessual gesehen – mindestens zwei Stadien. Nach der Erstbegegnung mit dem Märchentext sollte man zunächst den Inhalt des Märchens beschreiben und zusammenfassen, die Struktur des Märchens skizzieren und den Hauptgedanken, die „Botschaft" des Märchens in Worte fassen. Dabei kommt es zu einem ersten, noch vorläufigen und undifferenzierten Verständnis für den Text. Dieser erste Eindruck muß nun überprüft und kontrolliert werden. Entsprechendes Hintergrundmaterial einbeziehend führen das mehrmaliges Lesen und Befragen des Textes nach und nach zu einem vertieften Verständnis für das Märchen bezüglich der obengenannten Einzelkomponenten. Sekundär- und Interpretationsliteratur zu Märchen gibt es in Hülle und Fülle. Zu erwähnen sind beispielsweise die große *Enzyklopädie der Märchen* (herausgegeben von Kurt Ranke), das *Märchenlexikon* in zwei Bänden (Walter Scherf), das Taschenbuch *Who's who im Märchen* (Ulf Diederichs), *Deutsche Märchen* mit zwanzig Interpretationen (Winfried Freund), *Grimms Märchen* als Buch und als CD-ROM (mit Kommentaren von Heinz Rölleke) oder *Andersen lesen* (Michael Sahr).

Am Ende hat sich der erste Eindruck vom Märchen möglicherweise bestätigt; zumeist aber kommt es einer Differenzierung, Akzentuierung oder auch Widerlegung der fürs erste gemachten Erkenntnisse. Ergebnis dieses Prozesses sollte ein geläutertes und objektiviertes Verständnis des Märchens sein, bei dem die zunächst gewonnenen, noch nicht gründlich genug bedachten, stark subjektiv getönten Erkenntnisse versachlicht werden konnten.

Märchen sind zeitlos und immer aktuell

Im *Donaukurier* erschien am 19.6.1999 unter der Überschrift „Kleines Mädchen überprüfte Märchen“ folgender Artikel:

> *„Bei einem nächtlichen Ausflug hat ein kleines Mädchen in Augsburg ausprobieren wollen, ob es die ‘Sieben-Meilen-Stiefel’ wirklich gibt. Passanten entdeckten die Kleine auf der Straße, als sie sich die viel zu großen Schuhe ihrer Eltern anziehen wollte. Das Kind erzählte, es sei von zu Hause weggelaufen, um den Wahrheitsgehalt des Märchens zu überprüfen.“*

Was da passiert ist, ist erstaunlich genug: Da wird ein Kind unserer Tage mit einer uralten Geschichte über einen magischen Gegenstand konfrontiert und die Wunderkraft dieses Requisits insofern für möglich und glaubhaft gehalten, als daß es die Wirkung für die eigene, unmittelbare Gegenwart testet.

Hier geht es um nichts anderes als um die Verbindung von Märchen und Wirklichkeit, um das Aktuelle und Reale der Märchen, um die Frage, warum Märchen wahr und gegenwärtig sind, obwohl sie in einer Nicht-Gegenwart spielen.

Darüber hat man sich von Anfang an Gedanken gemacht. Im Vorwort zu ihrer Märchensammlung sprechen es die Brüder Grimm bereits an: Die in den Märchen beschriebenen Situationen seien „so einfach, daß viele Leser sie wohl im Leben gefunden.“ Aus dieser Bemerkung leitet sich die berühmte „Sitz-im-Leben“-Hypothese ab, über die man sich bis heute den Kopf zerbricht. So schreibt Günter Grass: „Ich meine, daß man jetzt erst zu entdecken beginnt, ... daß im Märchen in bündiger Form oft mehr Realität eingefangen ist als z. B. im angeblich so tiefschürfenden psychologischen

Roman." Hermann Kant aus dem ehemals „anderen" Teil Deutschlands ist davon überzeugt, daß wir über (Märchen-) Bücher Daseinsmöglichkeiten erfahren, an die wir anders kaum geraten: Sie machen „auch die Kleinen zwei Meter groß" und lehren „auch die Großen das Gruseln", sie lassen „auch den Lahmen das Einhorn fangen" und schicken „auch den Flinken hechelnd der Schildkröte hinterher"; sie lassen uns, „wozu uns sonst zweimal die Kräfte nicht reichen, edel und abgefeimt sein ..." Sie verändern uns, „weil sie uns zu Abenteuern holen, die wir ohne Änderung nicht bestehen könnten"; sie versetzen uns „in Bereiche, von denen wir ohne sie nichts ahnten ... Lesen und Leben sind durch sie ... verbunden." Und Egon Monk hat über das Verhältnis von Märchen und Wirklichkeit folgende Worte gefunden: „Philister lesen keine Märchen, sie könnten es gar nicht, selbst wenn sie wollten. Sie verwechseln Wunder und Illusionen. Sie denken, das Märchenerzählen sei nichts weiter als erlaubtes Lügen für Kinder. Sie halten Märchen und Wirklichkeit für Gegensätze. Ihnen wird nie aufgehen, was Andersen meinte, als er in der *Geschichte aus den Dünen* die Fahrt des kleinen Jörgen durch die blühende Heide so beschrieb: '... ihm war, als führe er mitten in das Märchenland hinein, und es war doch die Wirklichkeit.'"

Aktualität haben heißt, bedeutsam zu sein für die unmittelbare Gegenwart. Gibt es bei Märchen einen solchen Gegenwartsbezug? Können Dichtungen, Fiktionen, Phantasiestücke, die von Menschen vor langer Zeit ausgedacht worden sind, können solche altüberkommenen Gebilde für die unmittelbare und erlebbare Gegenwart von Interesse und Einfluß sein? Wie wird bei der Märchenrezeption der Kinder etwas real, was doch ganz und gar unrealistisch daherkommt?

- *Eine erste Antwort:*

  Märchen bieten exemplarische, ja archetypische Kindheitserfahrungen, erzählen von Ur- und Elementarerlebnissen, und die jungen Leser oder Hörer erkennen sich darin wieder: mit ihren Schwächen und Ängsten ebenso wie mit ihren Wünschen und Träumen. In dem für dumm gehaltenen Jüngsten, in den familiären Konflikten eines Aschenputtels entdeckt – wie es Bruno Bettelheim überzeugend darlegte – das Kind Probleme des eigenen Verkannt-Werdens, des Sich-nicht-geliebt-Fühlens. Märchen „spiegeln Ängste, die wir alle haben", die Angst, verlassen, angegriffen, getötet zu werden, „daneben allgegenwärtige Phantasien und Sehnsüchte über Liebe, Macht und Reichtum." Aber sie spiegeln nicht nur psychische Wirklichkeiten und erlebte Erfahrungen, sie formen auch unser Leben. Woher sonst als über die Märchen – schreibt die kanadische Dichterin Margaret Atwood – „hätte ich so früh im Leben die Vorstellung bekommen sollen, daß Worte dich verändern können" (zit. nach Tatar 2001, S. 289).

Märchen zeichnen sich dadurch aus, daß sie keine temporäre, sondern eine psychische und damit dauernde Aktualität besitzen, d. h. sie führen zu intensiven Leseerlebnissen, weil sie auf die je eigene Situation des einzelnen Lesers übertragbar sind, aktualisierbar für die individuellen, eigenen Probleme des jungen Lesers – mit dem Erscheinungsdatum der Texte hat diese Qualität nichts zu tun. In der Kinderliteratur hat dies Paul Maar einmal sehr eindrucksvoll thematisiert. In seinem Buch *Lippels Traum* sind es die *Märchen aus Tausendundeiner Nacht*, die der Titelfigur bei der Bewältigung einer schwierigen Situation helfen.

- *Eine zweite Antwort:*

Bei der Klärung der Frage nach dem Gegenwartsbezug von Märchen kommt einem außerdem die Tatsache zu Hilfe, daß es in jedem Märchen auch Elemente der Realität gibt. Beispiele wie *Rotkäppchen* oder *Hänsel und Gretel* zeigen: Die Handlung ist anfangs weitgehend realistisch. Erst im weiteren Verlauf treten Vorfälle auf, die phantastisch sind: der redende, verschlingende Wolf und das Lebkuchenhaus der Hexe. Zu Recht fragt Anna Seghers in *Die Reisebegegnung:* „Entstand das Hexenhäuschen von *Hänsel und Gretel* vielleicht nicht aus der Wirklichkeit? Ich sage euch: aus der bittersten Wirklichkeit, als Eltern im Dreißigjährigen Krieg ihre eigenen Kinder in den wilden Wald schickten, damit sie nicht vor ihren Augen verhungerten."

Auch das Märchen vom *Schneewittchen* hat einen realen Hintergrund. Schneewittchen gab es wirklich. Sie hieß Margarethe, lebte von 1533 bis 1554, war die Tochter eines Grafen von Wildungen und wurde in jungen Jahren von ihrer Stiefmutter vergiftet. „Und auch die Zwerge sind nicht erfunden: Die junge Frau hatte sich sehr für kleine Jungen eingesetzt, die Schwerstarbeit in einer Kupfergrube leisten mußten. Sie trugen grüne Filzkappen ..." (Reinhard 1996, S. 46)

Märchen bestehen stets aus zwei nahtlos miteinander verbundenen Teilen: Reales und Irreales stehen nebeneinander, Wunder und Wirklichkeit ergänzen sich in einer ganz selbstverständlichen und natürlichen Weise. Wer sich nur auf jeweils eine Seite konzentriert, wird dem Märchen nicht gerecht.

Was geschieht bei einer Märchenbegegnung? Wie hat man sich den Wirkungsverlauf bei der Märchenrezeption vorzustellen?

- Es laufen *Identifikationsprozesse* ab: Pädagogen und Psychologen haben belegen können, daß Märchenfiguren in besonders effizienter Weise zur Identifikation einladen. Beim Eintauchen in die Welt der Märchen können die Helden so etwas wie Leitfiguren, wie Gleichnisfiguren für die Kinder werden. *Hans Fürchtenichts* erlaubt den jungen Lesern den Traum vom angstfreien, allmächtigen Kindsein, *Schneewittchen* wird zum Idol des guten und schönen Menschen. In Gedanken können sie wie diese allmächtig und furchtlos bzw. gut und schön zugleich sein.

Man weiß, daß Kinder sich vor allem dort identifizieren, wo die Märchenfiguren selbst Kinder sind (*Brüderchen und Schwesterchen, Rotkäppchen, Hänsel und Gretel*).

- Es laufen sog. *Erfahrungskurse* ab: Märchen werden – so hat Kristin Wardetzky (1992) herausgefunden – zu einer Art Leinwand, auf der Kinder ihre Probleme, Nöte, Konflikte und Wünsche projizieren und symbolisch darstellen können. Mit Hilfe der Märchen verarbeiten sie ihre Erfahrungen und Erlebnisse, die sie im täglichen Leben haben. Ähnlich wie im Kinderspiel übernehmen sie gedanklich die Rolle einer anderen (fiktiven) Person und gehen mit ihr auf eine Art „Erfahrungskurs." In den Märchenerzählungen eröffnen sich für den jungen Leser Denkmuster, die in der Phantasie – also ohne Risiko – durchgespielt werden können. Was wäre, wenn z. B. das Ungeheuerliche auf *mich* zukäme: der Wolf etwa oder die böse Hexe? So können sich Überwindungsstrategien in den jugendlichen Köpfen der Leser entwickeln, so erleben und erfahren sie Möglichkeiten für Konfliktlösungen. Und wichtig: Märchen sind Entwürfe von Glück. Zu ihrer Verheißung gehört: Niemand ist in so auswegloser Lage, daß er sie nicht meistern könnte, niemand so gering von Stand und Beruf, daß er nicht König oder Prinzessin werden könnte. Und auch kein Zauberer, kein Riese und keine Hexe erweisen sich als so mächtig, als daß sie nicht durch Klugheit, Furchtlosigkeit, Güte ... zu Fall zu bringen wären.

Auf die Frage „Warum brauchen Kinder von heute gerade die Märchen?" hat Bruno Bettelheim in einem Fernseh-Interview (1977) folgende Antwort gegeben:

„Grundprobleme der Kinder werden im Märchen in einer sehr poetischen und sehr allgemeinen Weise vorgetragen und in einer Situation, die es dem Kinde möglich macht, von der eigenen Situation zu abstrahieren und in seiner Phantasie sich in eine andere Situation zu versetzen, um damit seine Probleme abzureagieren und Lösungen zu finden, die es auf die eigene Person anwenden kann. Z. B. Eifersucht auf Geschwister: *Aschenputtel* ist sehr eifersüchtig und fühlt sich benachteiligt. Kinder erfahren: Nicht nur ich habe die Probleme, auch andere haben sie, sogar noch viel ärger als ich. Außerdem verspricht das Märchen dem Kinde ein gutes Ende all dieser Probleme. Das alles kann projiziert werden auf ein allgemeines Niveau und auf eine Gegend und eine Zeit, die nicht in der Gegenwart ist."

Und auf die weitere Frage „Ist nicht gerade das ein Problem bei den Märchen, das sie in einer Zeit angesiedelt sind, die Nicht-Gegenwart ist, in einer Zeit, in der unsere Gegenwartsprobleme nicht vorkommen?" gibt er zur Antwort:

„Ich würde sagen, daß wir in der Gegenwart alle genug leben. Das Kind ist ja ununterbrochen der Gegenwart ausgesetzt: zu Hause, auf der Straße, in der Schule, beim Fernsehen ... Ich glaube, weil sie so der Gegenwart ausgesetzt sind, weil sie bombardiert werden mit Informationen über die Gegenwart, brauchen sie ganz besonders etwas, wohin sie sich flüchten können, in das ferne Land und in die romantischen Ideen des Märchens."

Wer der Meinung ist, daß Märchen nicht mehr hineinpassen in unsere moderne Welt, wird hier eines Besseren belehrt: Märchen helfen dem Kind, sich im Leben zu behaupten. Denn – um noch einmal ein Wort von Bruno Bettelheim aufzugreifen – das Märchen „vermittelt dem Kind ein intuitives, unterbewußtes Verständnis seines Wesens und der Aussichten, die die Zukunft ihm eröffnet, wenn es seine positiven Anlagen entwickelt. Aus dem Märchen erahnt es, daß Menschsein in unserer Welt bedeutet, vor schwere Aufgaben gestellt zu werden, aber auch wunderbare Abenteuer zu erleben."

Fraglich ist allerdings, ob diese positiven Wirkungen, die Bettelheim vorbringt, überhaupt noch eintreten können, angesichts der Tatsache, daß die Erstbegegnung mit Märchen heutzutage vor allem über Kassetten und Fernsehfilme erfolgt, er aber vom vorgelesenen, erzählten oder selbst gelesenen Märchen ausging. (Davon in der siebenten These mehr!)

Stichwort: Wirkungen der Märchen

Die Anfangszeilen des wohl berühmtesten Gedichts Heinrich Heines *„Ich weiß nicht was soll es bedeuten, / daß ich so traurig bin; / ein Märchen aus uralten Zeiten, / das kommt mir nicht aus dem Sinn"* erzählen andeutungsweise davon: Der Gedanke, Märchen hätten die Macht zu verändern, könnten einen Leser oder Hörer nicht nur emotional beeindrucken, sondern auch auf seine Phantasie, sein Denken und Handeln einwirken. Dieser Glaube ist so alt wie die Märchen selbst. Vor allem, wenn es um Kinder geht, für jene Altersgruppe also, die als besonders offen, lernfähig und beeinflußbar gilt, waren und sind die Erwartungen hoch.

Dabei gibt es wohl kaum ein Forschungsgebiet mit einem so beträchtlichen Wissens- und Methodendefizit wie das der Lesewirkungen.

Die Unsicherheiten beginnen bereits bei der Begriffsbestimmung. Immer wenn das Reizwort „Wirkung" fällt, ist dabei von vornherein mit einer uneinheitlichen Auffassung des Begriffs zu rechnen. Zumeist wird nämlich statt von „Funktionen" voreilig von „Wirkungen" gesprochen. Der Unterschied zwischen beiden ist erheblich. *„Funktionen"* sind vermutete, zugeschriebene, angestrebte, erhoffte, behauptete Einflüsse; den Märchen kann man ohne weiteres ästhetische, erziehliche, identitätsstiftende oder phantasiefördernde „Funktionen" zuschreiben. *„Wirkungen"* dagegen sind wissens-, einstellungs- oder handlungsbezogene Resultate, die nachweislich Texte bei Lesern hervorrufen; in unserem Falle also empirisch belegbare kognitive, emotionale und/oder pragmatische Effekte, die ein Märchen bei einem Rezipienten auslöste.

Die Probleme setzen sich fort, wenn es um den Stand und das Niveau der Lesewirkungsforschung geht. Barbara Sichtermann (1994, S. 72) hat dazu ein sehr drastisches Bild entworfen: „Dem Wirkungsforscher geht es wie dem Schützen auf dem Jahrmarkt, der visieren, schießen und treffen soll, obgleich sich vor seinen Augen das Ziel ziemlich rasch hin und her bewegt, ihm dabei auch noch jemand von hinten unter den Armen kitzelt und obendrein das Gewehr klemmt."

Durch den Mangel an stichhaltigen Befunden in der Lesewirkungsforschung ist ein breites Spektrum an Meinungen über den Effekt, den Märchen bei jungen Lesern hervorrufen, entstanden. Es reicht von der überaus wirkungsoptimistischen Position (Märchenwirkungen werden – nach dem Motto „Sage mir, welche Märchen du liest, und ich sage dir, wer du bist!" oder nach der verwegenen These von den „heilenden Wirkungen" der Märchen – als sicher angenommen) bis hin zur extrem wirkungspessimistischen Position (es wird eine totale Wirkungslosigkeit der Märchen behauptet, vor allem wegen der Konkurrenz der viel häufiger genutzten und als viel wirkungsmächtiger erachteten technischen Medien).

Seitdem man in den 70er Jahren begonnen hat, empirisch zu arbeiten, läßt sich eine gemäßigte Auffassungsweise hinsichtlich der Märchenwirkungen registrieren. Es wird als sicher angenommen, daß Märchen nicht zu unterschätzende Spuren hinterlassen können, jedoch wird ausgeschlossen, sie würden als potente Erziehungsmedien und „heimliche" Einflußmittel in Erscheinung treten. Nach Norbert Groeben und Peter Vorderer (1988, S. 238) läßt sich die gegenwärtige Einschätzung literarischer Wirkungen am ehesten mit dem Begriff „gedämpfter Wirkungsoptimismus" umschreiben. Dafür hat die Kinderbuchautorin Renate Welsh folgende bildhafte Umschreibung gefunden: „Ein Buch, das für jemanden wichtig ist, sickert in ihn hinein wie Regenwasser in den Karst, also es bewirkt etwas – nur wie, das ist schwer zu sagen."

Wer nach Wirkungen der Märchen fragt, darf keine einfachen Antworten erwarten. Es gibt nicht *die* Wirkung *der* Märchen auf *die* jungen Leser. Um ein einigermaßen zutreffendes Verständnis von Märchenwirkungen zu erhalten, sind wenigstens drei Thesen zu berücksichtigen:

- Märchenwirkung darf nicht als ein linearer, eingleisiger Prozeß vorgestellt werden, der sich lediglich zwischen den beiden Faktoren „Märchentext" und „Märchenleser" abspielt, sondern als ein mehrpoliger, komplexer und vernetzter Vorgang, der immer auch durch soziale, situative und personale Randbedingungen mitgeprägt ist.

- Märchenwirkung läßt sich nicht über ein den Naturwissenschaften abgeschautes Kausalitätsprinzip erklären, wonach von der „Ursache" eines bestimmten, im Märchen gezeigten Verhaltensmusters auf die „Wirkung" eines bestimmten, vom Leser oder Hörer gezeigten Verhaltens geschlossen werden kann – nach dem Motto „Positiver Inhalt – positive Wirkung, negativer Inhalt – negative Wirkung".
- Märchenwirkung ist kein „Ereignis", das zwangsläufig, schlagartig und radikal eintritt; sie verläuft eher im Sinne von Spurenelementen, die – wenn überhaupt – fast unmerklich langsam und oft nur Akzente verschiebend ihre Einflüsse geltend machen. „Wirkungen brauchen Zeit. Manchmal vergehen Jahre, bis man erfährt, was beim Lesen eines Buches mit einem selbst passiert ist." (Walser 1992, S. 12)

Der Verfasser hat vor Jahren eine empirische Untersuchung über die Wirkungen, die das Grimmsche Märchen *Der alte Sultan* bei knapp 300 Grundschülern ausgelöst hat, vorgelegt (vgl. Sahr 1981, S. 162ff.). Sie erbrachte einige nennenswerte Ergebnisse.

Zum Märchentext

Der alte Sultan (KHM 48) besteht eigentlich aus zwei Erzählungen, die von den Brüdern Grimm zu einem einzigen Märchen verbunden wurden.

Im ersten Teil beschließt ein Bauer, seinen altersschwachen Haushund „Sultan" zu töten, weil er ihm als Kostgänger nur noch zur Last fällt. Der Hund wendet sich in seiner Not an einen „guten Freund", den Wolf. Der findet einen listigen Ausweg: Er will das Kind des Bauern rauben, Sultan soll ihm nachspringen, ihm das Kind wieder abjagen und es zum Schein retten. Die Ausführung des Plans gelingt; Sultan wird rehabilitiert und wieder in Ehren aufgenommen. Nun aber hat der Wolf ein berechtigtes Anliegen an den Hund. Als Gegenleistung für seine Hilfe will er eines der fetten Schafe des Bauern wegholen, wobei er darauf vertraut, daß Sultan ein Auge zudrückt. Sultan jedoch verrät seinen Freund, den Wolf, der – vom Bauern gehörig verprügelt – um sein Schaf kommt. Der zweite Teil des Märchen bringt dann einen schwankhaften Schluß: Der Wolf sagt seinem alten Freund, dem Hund, den

Kampf an. Beide versehen sich mit einen „Beistand“, dem Hund hilft eine dreibeinige Katze, dem Wolf ein Wildschwein. Das Märchen endet mit dem (unerwarteten) Sieg der alten und schwachen Haustiere über die wilden Waldbewohner.

Diese Lösung ist spaßig und bereitet den Kindern Vergnügen, verschleiert aber die Scheinmoral des Hundes. Weil der Wolf am Ende als Hereingelegter und Schuldiger erscheint, wird verhindert, daß die Kinder die Doppelmoral des Hundes erkennen, dessen Treue nur auf den Kostgeber gerichtet ist, den Herrn, nicht aber auf den Freund, der ihm ja zuvor das Leben gerettet hat.

Irene Schreiber *Der alte Sultan*

Zur Vorgehensweise

Um den Effekt dieses Märchens, zumal seinen für den Wolf ungerechten Schluß, zu prüfen, wurde einer Hälfte der Schüler das Märchen ohne diesen Teil, dafür mit einem Alternativschluß, angeboten: Der alte Sultan rettet den Wolf aus einer Falle, damit ist die Freundschaft zwischen beiden wieder hergestellt.

Zunächst wurde mit Hilfe statistischer Methoden gemessen, ob und welche Einstellungen über „Hund“ und „Wolf“ vor der Märchenrezeption existieren. Dann folgte die kontrollierte (d.h. Nebeneinflüsse möglichst ausschließende) Lektüre des Märchens – mit variierten Textschlüssen. Schließlich wurde gemessen, ob und wie sich die Einstellungen aufgrund der Lektüre des Märchens – je nachdem, welche der beiden Textversionen gelesen wurde – geändert haben.

Zu den Ergebnissen

Die Wirkungsstudie hat – pauschal gesagt – ergeben, daß der Märchentext *Der alte Sultan* die vorhandenen Einstellungen der Kinder gegenüber dem Hund nicht, gegenüber dem Wolf jedoch in recht deutlichem Maße beeinflussen konnte. Die unterschiedliche Textwirkung bei „Hund" und „Wolf" ist damit zu erklären, daß Kinder dieses Alters über Hunde schon konkrete Erfahrungen gesammelt und sich eine eigene, relativ feste Meinung gebildet haben. Anders beim Wolf: er ist für Kinder ein relativ fremdartiges Tier, das sie nur vom Hörensagen kennen, aus Märchen und Erzählungen, aus Äußerungen Erwachsener, aus Fernsehsendungen. Offensichtlich ist ihre Meinung über Wölfe deswegen noch wenig festgelegt und gegenüber neuen Informationen offen.

Die häufigste Wirkung war die Bekräftigung schon vorhandener Einstellungen gegenüber den beiden Hauptfiguren des Märchens, dem Wolf und dem Hund, die zweithäufigste die der Abschwächung und die am wenigsten eingetretene Wirkung war die Umkehrung der bisherigen Meinung.

Mit diesem Ergebnis liegt ein empirisch abgesicherter Beleg für die Richtigkeit einer oft vertretenen Behauptung vor, nach der eine Einstellung durch Texte um so schwerer zu verändern ist, je fester sie verankert und je entschiedener und überzeugter sie vertreten wird.

Günstig jedoch sind die Chancen, daß sich aufgrund der Rezeption eines Textes eine völlig neue Einstellung bildet. Es konnte empirisch belegt werden, daß bei denjenigen Lesern, die bisher noch keine fest verwurzelte Meinung gefaßt hatten, der Einfluß des Märchens besonders kräftig durchschlug. Die Hoffnung ist also durchaus begründet, daß Literatur nicht folgenlos ist und daß Märchen, „vor allem, solange man Kind ist, Weichen stellen, Meinungen festigen und in Frage stellen, Projektionsflächen bieten, trösten, Vorschläge machen" können. (Boie 1996, S. 99)

Märchen sind unverzichtbare und willkommene Unterrichtsgegenstände

Bei aller Wertschätzung der Märchen – es darf nicht der Eindruck erweckt werden, als nähmen die Märchen im Bereich des schulischen Lesens eine überragende Stellung ein. Dafür ist die Konkurrenz zu groß geworden; das für Kinder heutzutage verfügbare Textangebot anderer Druckerzeugnisse stieg gewaltig an. Eher stimmt wohl, daß die Märchen im Bereich der Schule ihre dominierende Stellung von einst verloren haben und mittlerweile nicht mehr zu den zentralen Textsorten gehören. Dennoch: Kein Lehrer wird um die Märchen herumkommen und auch nicht herumkommen wollen. Dafür sorgen zum einen die Lehrpläne, die allesamt den Umgang mit epischen Kurzformen als verbindlich ausweisen und die Lehrer zur Begegnung mit Märchen verpflichten. Noch wichtiger aber ist das durch Befragungen belegte und durch Erfahrungen gestützte unverändert hohe Interesse, das die Schüler für diese Textgattung zeigen.

(Grundschul-)Kinder mögen Märchen, sie sind im besten „Märchenalter“. Warum die Märchen von ihnen sehr gern gehört und gelesen werden, hängt vor allem damit zusammen, daß sie inhaltliche und formale Elemente aufweisen, die den jungen Lesern besonders entgegenkommen. Dazu zählt,

- daß die Sprache so bildhaft ist
- daß sich die Geschichten so gut erzählen lassen
- daß das Geschehen für sie so abwechslungsreich und spannend ist
- daß die Geschichten so gut ausgehen, glücklich enden
- daß die Märchenfiguren so eindeutig sind
- daß bestimmte Stilmittel vorkommen wie Wiederholungen (meist dreifach), Reimverse und Sprüche (die jeder aus dem Stand ergänzen kann), Anfangs- und Schlußfloskeln (von genialer Einfachheit).

„In der Tat findet das Kind ein Märchen einfach schön: was da erzählt wird, interessiert es, wie es erzählt wird, gefällt ihm.“ (König 1975, S. 141)

Neben diesen schülerorientierten Gründen gibt es mindestens drei weitere, mehr lehrerorientierte Gründe, die für eine Verwendung von Märchen im Unterricht sprechen:

- Die Märchen sind ein kulturelles Erbe, auf das wir nicht ernstlich verzichten werden; sie sind der „letzte Kern unseres Allgemeinwissens“ (Rölleke 1985, S. 28). „Was haben wir denn Gemeinsames als unsere Sprache und Literatur?“ fragten die Brüder Grimm in der Einleitung zum ersten Band ihres *Deutschen Wörterbuches* (Grimm 1854, S. III). Deduziert auf die Märchen ist dies auch eine Frage unserer Zeit: Sie waren im geteilten Deutschland fester Bestandteil des Kulturlebens beider deutscher Staaten, waren eines der wenigen Verbindungsstücke; die Schulen in der sog. BRD und in der sog. DDR pflegten gleicherweise die Märchentradition.
- Märchen haben einen hohen literarästhetischen Wert, Märchen sind Kunstwerke, dichterische Texte. Sie sind menschheitsgeschichtlich gesehen die früheste, einfachste Dichtungsform und sie sind individuell betrachtet die erste Berührung des Menschen mit Poesie und Dichtung.
- Viele Märchen sind auch pädagogisch hochrelevant, Märchen sind Texte mit moralischem Gehalt, mitunter sogar mit emanzipatorischen Qualitäten; man denke nur an Märchen wie *Die kluge Bauerntochter, Der starke Hans* oder *Das tapfere Schneiderlein.*

Dies zusammengenommen macht die Märchen selbst für eine progressive Erziehung durchaus akzeptabel. Vertreter einer eher konservativ ausgerichteten Pädagogik hatten ohnehin nie Zweifel an der überragenden literarischen, erzieherischen und psychologischen Bedeutung der Märchen.

Über die Art und Weise, in der Märchen im Unterricht auftreten sollten, wird seit langem gestritten. Wie alt die Diskussion ist, zeigt der Blick in einen „Ratgeber für den Leseunterricht“ von Karl Herzog und Heinrich Löckel aus dem Jahre 1936. Dort findet sich dieser erstaunlich modern klingende Satz: „Über die unterrichtliche Behandlung und Auswertung der Märchen wurde schon unendlich viel geschrieben und dennoch scheint es kaum ein Unterrichtsgebiet zu geben, bei dem die Meinungen oft so gegensätzlicher Art sind, daß man sich darüber wundern muß.“

Immer wieder haben die Lehrer sich Warnungen über den schulisch verordneten Mißbrauch der Märchen anzuhören, etwa in dem Gedicht *Eine schöne Geschichte* von Martin Anton, bei dem nur das Wort „Sammlerhände“ mit „Lehrerhände“ zu vertauschen ist:

Es war einmal eine schöne Geschichte,
die war außen unsichtbar und innen bunt.
Und in alten Zeiten
ging sie von Mund zu Mund.

Eines Tages geriet sie in Sammlerhände,
das bedeutete beinah ihr Ende:
Sie wurde in schwarze Lettern gefaßt,
bekam Seitenzahlen und Nummern verpaßt,
wirkte nun eher eckig als rund,
außen schwarz und innen bunt.

Ein Kind las sie.
Und in seiner Fantasie
wurde sie wieder rund –
außen unsichtbar und innen bunt.

Aus diesem Gedicht läßt sich zweierlei ableiten:

- etwas über die Gefahren, in die der Unterricht mit Märchen geraten kann
  Mitunter kommen die Lehrerinnen und Lehrer nicht umhin, leise zuzugeben, daß ihr Unterricht märchenfeindlich, bisweilen vielleicht sogar schülerfeindlich ist; der Beschäftigung mit den Märchen treiben sie all das aus, was ihre Faszination ausmacht: das Spontane, Individuelle, Kreative, Emotionale, Spielerische – also genau die Seiten, die junge Menschen besonders ansprechen
- etwas über die Chancen, die der richtige Umgang mit Märchen eröffnet
  Darauf können sich die Lehrerinnen und Lehrer verlassen: Kindermärchen sind Texte, die in der Phantasie der Kinder ihre Kraft entfalten, auch ohne daß man ständig lenkend eingreifen und sich einmischen muß.

Nachfolgend soll zu drei Brennpunkten der didaktischen Auseinandersetzung Stellung bezogen werden.

Welche Verfahren sind zu bevorzugen, erlebnisbetonte oder rationale?

Im Grunde gibt es zwei gegensätzliche Formen des unterrichtlichen Umgangs mit dem Märchen, das erlebnishafte Erfassen von Handlung und Gehalt oder die vorwiegend rationale Auseinandersetzung mit dem Märchen.

In der Regel empfehlen die Didaktiker für die älteren Schüler das analysierend-kognitive Verfahren und für Grundschüler die erlebnishaft-emotionale Vermittlung (vgl. Maier 1988, S. 7). Begründet wird dies durch die Entwicklungslage des Kindes als auch durch die Eigenart des Märchens selbst. Erst im Erlebnisprozeß werde das Bedürfnis des Grundschulkindes nach Unterhaltung durch das Märchen befriedigt, weil nun das Märchen als spannende, abwechslungsreiche Geschichte voll zur Geltung komme.

Auf der Skala zwischen den Polen „kognitiv“ und „affektiv“ gibt es aber eine Reihe von Mischformen und vermittelnden Positionen, die didaktisch viel interessanter sind. Aus ihnen ergeben sich alternative Umgangsweisen. Meine persönliche didaktische Grundhaltung gegenüber Märchen habe ich einmal als „kritisch-kreativ“ umschrieben (vgl. Sahr 2000, S. 35).

„Kritisch“ soll heißen: Es ist eine unterrichtliche Auseinandersetzung mit Märchen anzustreben, die über eine unreflektiert hinnehmende, ausschließlich erlebnisbetonte Rezeption von Märchen hinausgeht und die versucht, zusammen mit den Kindern die Märchen auszuhorchen nach ihrer Botschaft und dem, was sie heute zu sagen haben („Was passiert da eigentlich?“).

„Kreativ“ soll heißen: Es sind die Produktiv- und Kreativkräfte der Märchen für einen handlungs- und produktionsorientierten Umgang zu nutzen (Märchentexte frei erzählen und weiterschreiben, sie szenisch ausgestalten, sie bildlich umsetzen, musikalisch auf sie reagieren, zu ihnen eine Hörspielsequenz oder einen Videoclip herstellen).

Keineswegs ist damit eine kopflastige, einseitig rational-analysierende Betrachtung der Märchen gemeint (die Bedeutung der Märchenanalyse für eine kreative Weiterarbeit darf allerdings auch nicht unterschätzt werden; sie ist notwendig, um die Äußerungskompetenz der Schüler anzubahnen und zu erhöhen). Als mindestens ebenso wichtig wird der emotional-spielerische und eigenschöpferische Umgang erachtet. Ausschlaggebend für die didaktische Qualität der Märchenarbeit ist, daß *beide* Aspekte kombiniert und in Balance gehalten werden.

Ein schönes Beispiel für die hier vertretene Position findet man im soeben erschienenen Bilderbuch *Die dreizehnte Fee* von Nikolaus Heidelbach. Frau Kleve, eine Lehrerin, hat ihren Schülern *Dornröschen* vorgelesen und staunt, was den

Kindern alles kritisch zu diesem Märchen einfällt (daß es in einem Königspalast nur zwölf goldene Teller geben soll, daß die Eltern von Dornröschen ausgerechnet an ihrem fünfzehnten Geburtstag wegfahren müssen, daß kein Mensch hundert Jahre schlafen kann …). Wie kreativ und phantasievoll Kinder mit diesem alten Märchen umgehen und es ihrer ganz persönlichen Situation anpassen, erlebt sie tags darauf, als die Schüler ihr von einer ganzen Reihe verschieden gearteter Feen berichten, die ihnen in ihren Träumen erschienen waren, guten wie bösen, harmlosen wie entsetzlichen – so daß sich die Lehrerin gar nicht genug darüber wundern konnte.

Welche Märchen sind – mit Blick auf den Schüler – auszuwählen und zu empfehlen?

Bezüglich der Märchenstruktur sind drei Schwierigkeitsgrade zu beachten (vgl. Schlothauer 1974, S. 136ff.):

- Märchen mit einsträngigem, geradlinigem Handlungsverlauf, bei denen die Ereignisse einfach und chronologisch aneinandergereiht werden; sie sind vor allem für die erste und zweite Jahrgangsstufe geeignet.

  Beispiel: *Der süße Brei* (KHM 103)

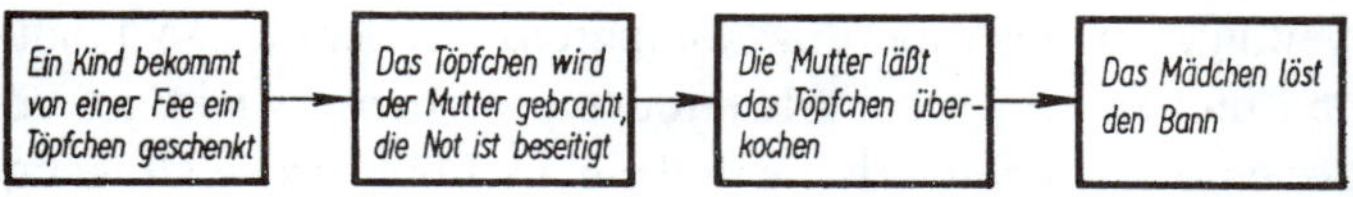

- Märchen mit ungradlinigem Handlungsstrang, bei denen die Ereignisse nicht einfach aneinandergereiht, sondern verflochten sind; sie sind vor allem für die zweite und dritte Jahrgangsstufe geeignet.

Beispiel: *Der Wolf und die sieben jungen Geißlein* (KHM 5)

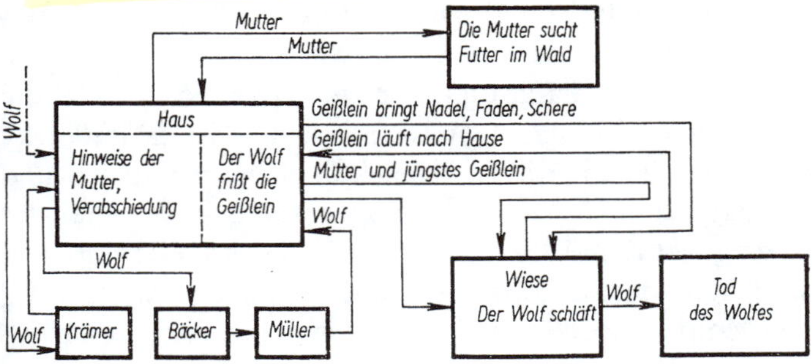

- Märchen mit kompliziertem Handlungsaufbau, bei denen die Ereignisse vielfach verflochten und mit häufigen Figuren- und Ortswechseln verbunden sind; sie sind vorzugsweise für dritte und vierte Jahrgangsstufen geeignet.

  Beispiel: *Der Vogel Greif* (KHM 165)

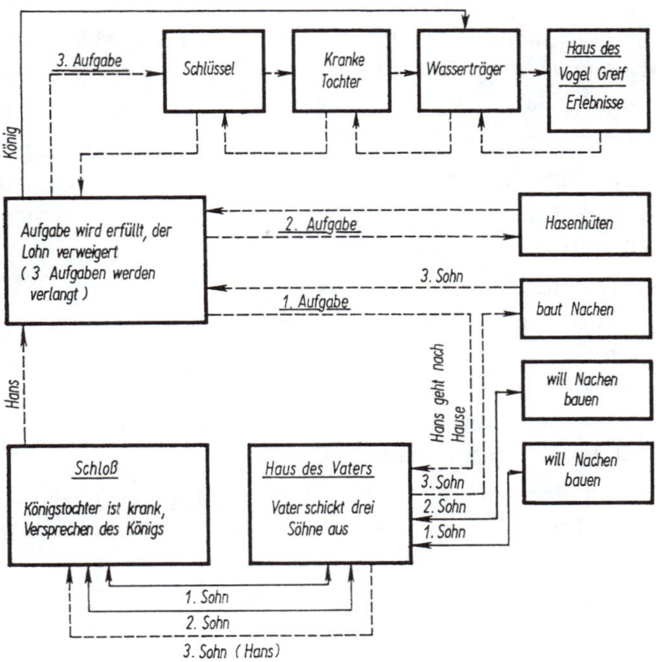

Von der dritten Klasse an aufwärts erweist sich das Neben- und Miteinander von Originalmärchen und neuen bzw. veränderten Märchenformen als reizvoll und inspirierend. Ein indirekter Beleg dafür findet sich in der empirischen Studie über kindliches Märcheninteresse von Kristin Wardetzky (1992, S. 171), die Kinder eigene Märchen erfinden ließ und dabei folgendes feststellte: „Insgesamt sind die Märchen der Neun- bis Zehnjährigen wesentlich kunstvoller als die schlichten Märchenkürzel der Jüngeren. In der Verwendung von Motiven, Bildern und Symbolen gehen die Älteren oftmals geradezu schwelgerisch mit dem von ihnen akkumulierten Märchenschatz um. In dem Alter also, in dem sie das Märchen als Lieblingslektüre hinter sich lassen, können sie im freien Spiel lustvoll mit seinen Gesetzen umgehen.“

Wie sollen Märchen vermittelt werden: vorlesend, erzählend, still erlesend?

Ein altes didaktisches Problem ist es, wie die Märchenbegegnung in der Schule am eindrucksvollsten vonstatten gehen soll. Dabei lassen sich folgende Empfehlungen geben:

- Für eine märchenhafte Atmosphäre sorgen! Einen Sitzkreis bilden, den Raum ein wenig verdunkeln, Kerzen anzünden, das eine oder andere passende Märchenrequisit bereithalten ... damit ist schon viel gewonnen.
- Erzählte Märchen wirken stärker als vorgelesene! Lehrern, die mit dem freien Erzählen ihre liebe Not haben, ist eine Mischform, das „erzählende Lesen“, zu empfehlen, bei dem das Märchenbuch aufgeschlagen und – an Stellen, die für das Verständnis des Ganzen besonders relevant sind – der Blick ins Buch möglich ist.
- Kein moralisierender Vortrag, keine Moralpaukerei! Wer bei *Rotkäppchen* das Hauptgewicht auf die „Moral“ des Textes legt, indem er die Warnungen der Mutter in den Mittelpunkt rückt und die Aufforderung, den Anordnungen von Autoritäten unbedingt Folge zu leisten, zum ober-

sten „Lernziel“ erhebt, verpädagogisiert das Märchen in ungerechtfertigter Weise.

- Das Grausame, Böse nicht detailliert, sprachlich überzogen und mimisch ausgeschmückt vortragen! Wer beim Märchen vom *Fürchtehans* einseitig die gewalttätigen und abgründigen Züge betont und die Geschichte auf eine Aneinanderreihung von Gruselszenarien und Horrormomenten reduziert, verfehlt die Botschaft dieses Märchens und stürzt seine Zuhörer in ein belastendes Wechselbad der Gefühle.
- Den Vortrag so anlegen, daß auf die Reaktionen der Kinder eingegangen werden kann! Wer absolute Stille von seinen jungen Zuhörern erwartet, sollte lieber einer Mauer oder seinen vier Wänden erzählen als Kindern.
- Bei der Auswahl der Märchen sind – wie oben erwähnt – der Schwierigkeitsgrad der Märchen und der literarische Entwicklungsstand der Schüler zu berücksichtigen. Aber keine Angst vor „didaktischen Vorgriffen“! Märchen wachsen mit, sie sind „Zwiebeltexte“, in die man mehr oder weniger tief eindringen kann und die auf ganz unterschiedlichen Entwicklungsstufen angemessen rezipiert werden können.
- Kein abruptes Beenden des Märchenvortrags, sondern Ausklangs- und Vertiefungsmöglichkeiten schaffen! Hierbei sind der didaktischen Phantasie der Lehrer keine Grenzen gesetzt. Es kann ein Nachgespräch geführt oder ein Bild gemalt werden, es kann zum Märchen geschrieben oder ein Comic gestaltet, es kann ein Märchenlied gesungen oder das Märchen nachgespielt ... werden.
- „Der Freude gewidmet!“ – das muß gerade beim Märchenunterricht oberstes Leitprinzip sein! Auf dieser Grundlage lassen sich dann die anderen Ziele wie ausgeprägtere Lesekompetenz, größeres Selbstvertrauen, höheres Fremdverständnis, Stärkung der eigenen Kreativ- und Produktivkräfte viel leichter, ja mitunter ganz von selbst verwirklichen.

Stichwort: Kreativer Umgang mit Märchen

Die PISA-Studie hat belegt, daß die Leistungen deutscher Schüler – nicht nur, aber auch – im Lesen unzureichend sind. Eine Hauptschwäche, die die Bildungsforscher aufgedeckt haben, lautet: Bei der kreativen Anwendung des Gelesenen brechen unsere Schüler ein! Daraus ergibt sich logischerweise die Konsequenz: Unser Literaturunterricht muß in Analyse und Produktion eigenaktiver und kreativer werden, um das Interesse an Literatur zu fördern und die Chancen einer höheren Lesekompetenz zu verbessern.

In Zeiten, wo man spürt, daß etwas schief gelaufen und aus der Spur geraten ist, sucht man nach neuen Vokabeln, bringt man neue Begriffe ins Spiel, entdeckt man Prinzipien neu, die Hilfe in der Not versprechen. „Kreativität“ ist ein solches Wort. Mit „kreativem Lesen“ versuchen wir, auf die Krise des Lese- und Literaturunterrichts zu reagieren.

Nun kann man fragen, warum gerade die Märchen in so engem Bezug zur „Kreativität“ stehen. Kreativität ist natürlich nicht an Literatur, schon gar nicht an Märchen gebunden; es gibt auch andere Fächer und Unterrichtsgegenstände, die ebenfalls kreative Umgangsweisen erlauben. Dennoch: Die Märchen sind ein bevorzugtes Medium, um die Kreativität der Kinder zu fördern, weil sie eine Welt der Möglichkeiten entwerfen und weil beim Lesen von Märchen die Vorstellungs- und Produktivkräfte der Schüler in besonders effizienter Weise angesprochen werden.

Das „kreative Lesen“ (von Märchen) und das damit eng verbundene „kreative Schreiben“ (zu Märchen) kann als eine Art „Brükke“ verstanden werden, die – etwas romantisch ausgedrückt – die Schüler ins „Land des Lesens“ führt. Diese Brücke ruht auf mehreren Pfeilern, auf einer Handvoll didaktischer Grundregeln (vgl. Falschlehner 1997, S. 187ff.):

Kreatives Lesen und Schreiben bedeutet Konkretisieren eines Märchens

Kreatives Lesen ist dem Konzept des produktions- und handlungsorientierten Literaturunterrichts nahe verwandt. Es geht um die Integration von Textrezeption und Textproduktion, speziell um das Hervorbringen von selbstverfaßten Texten und anderen Produktionen (vortragender, spielerischer, optisch-symbolhafter, bildlicher, musikalischer ... Art) auf der Grundlage und als Folge von Leseerlebnissen mit einem Märchen. Konkretes Handeln mit Märchen hilft dem Schüler, den Text besser zu verstehen. Durch die Verknüpfung mit anderen Ausdrucksmitteln wird das eigene Nachdenken, das Entstehen innerer Vorstellungsbilder stärker angeregt und wird die Verständlichkeit für den Inhalt und die Struktur eines Märchens wirksamer erhöht als durch eine vom Lehrer verlangte abstrakte Äußerung in mündlicher oder schriftsprachlicher Form.

Einig ist man sich darüber, daß der Lehrer schon frühzeitig, nämlich bereits bei der Märchenrezeption, die aktive Rolle der Schüler im Auge haben sollte; es ist von Grund auf falsch, zu glauben, kreative Handlungen seien erst nach und nicht schon vor und während der Textaufnahme möglich.

Kreatives Lesen und Schreiben bedeutet verzögertes, genaueres Arbeiten

Wer seine Schüler im Eiltempo durch einen Märchentext jagt, holt keine Zeit ein, sondern verliert sie. Auf diese Weise wird ein Kind kaum je entdecken, was im gelesenen Märchen eigentlich geschieht, was gemeint ist, was es bedeutet, wie es gebaut ist. Kreatives Lesen heißt genaueres Lesen und hat etwas mit Verlangsamung zu tun; denn beim kreativen Umgang wird das Lesen verzögert, zeitlich gestreckt – und intensiviert. Anstelle eines flüchtigen Rezipierens des Märchens bleibt der Leser näher am Text, an seinem Inhalt und seiner Machart.

Wenn ein Schüler den Ausgangstext sprachlich weiter- und fortführen soll, verlangt dies von ihm eine gesteigerte Aufmerksamkeit. Er muß manche Passage mehrfach lesen, tiefer in den Text eintauchen, darf die aufgezeigten Motive und Probleme nicht nur oberflächlich registrieren, muß „sorgfältiger auf sprachliche Feinheiten und inhaltliche Gestaltung" achten. (Paefgen 1999, S. 96)

Kreatives Lesen und Schreiben ist frei und gebunden zugleich

Der Hauptvorwurf gegenüber dem kreativen Lesen und Schreiben lautet, es sei lediglich eine Spielerei und leere Geschäftigkeit, ein munteres Darüberplaudern und regelloses Darauflosschreiben. Eher stimmt wohl das Gegenteil: Je genauer die Vorgaben, je präziser die Aufgabenstellungen, je gründlicher die Anleitungen, desto besser werden die Ergebnisse sein. Bei völlig freien Aufgabenstellungen („Schreib doch ’mal irgendwas dazu auf!“) fühlen sich vor allem die Ungeübten und weniger Phantasiebegabten im Stich gelassen.

Kreatives Lesen und Schreiben funktioniert also nur dann, wenn es sehr genaue, zunächst auch sehr enge Handlungsanweisungen gibt; und wenn die Textvorlage vom Schüler als eine Art Seil verstanden wird, an dem er entlanghangeln und sich festhalten kann. In aller Regel wird es für ihn erst dann möglich, ein Märchen weiterzuspinnen, zu verändern oder ein eigenes Märchen zu erfinden, wenn ihm zuvor seine Struktur verständlich gemacht wurde. Aufgabe des Lehrers ist es deswegen, den Schülern die dem Märchen zugrundeliegenden inhaltlichen und formalen Gesichtspunkte durchschaubar und einsichtig zu machen. Ohne diese Analyse der Ausgangstexte ist keine kreative Aufgabenstellung möglich. Märchenanalysen sind also unverzichtbar, nicht jedoch um des Analysierens willen, sondern als Mittel zum Zweck: zur Anbahnung und Verbesserung der Äußerungskompetenz der Schüler.

Kreatives Lesen und Schreiben läßt sich nur schwer bewerten

Beim kreativen Lesen und Schreiben brechen Widersprüche auf. Der Ausgangspunkt, der Märchentext, ist bekannt und liegt offen und ausgebreitet vor aller Augen; der Endpunkt ist unbekannt, wohin die Reise führt und was dabei herauskommt, weiß zunächst niemand. Es gibt keine eindeutigen Lösungen, keine vorbestimmten Deutungen, keinen „Königsweg“ wie bei einer Mathematikaufgabe.

Das steigert erfahrungsgemäß die Spannung, die Neugierde und den Arbeitseifer. Wenn fünfundzwanzig Schüler ein Märchen

lesen und sich frei und spontan zu ihm äußern dürfen, dann gibt es viele unterschiedliche, vielleicht auch widersprüchliche Ergebnisse, die alle auf ihre Art gut, weil individuell, authentisch und damit „echt“ sind.
Damit ist gleichzeitig klar, daß Kreativität sich nur schwer prüfen und nicht im üblichen Sinne „benoten“ läßt. Aber man kann Kreativität loben, fördern, unterstützen, anerkennen. Natürlich gibt es auch gewisse Gütemerkmale für Kreatives: Der originelle Einfall gehört dazu, die überraschende Pointe, die spontane Improvisation, das aufgegriffene und eigenständig weiterverfolgte Wort- und Sprachspiel ...

Über die „Brücke“ („Kreatives Lesen und Schreiben“) sollen die Kinder in das „Land des Lesens und Schreibens“ geführt werden. Wie der Blick auf den „Fluß“ und auf die Gegenstände, die in ihm

„schwimmen“, zeigt, gibt es eine Vielzahl von Auslösern, nach denen man wie nach Flaschenpost „angeln“ kann; dazu gehören dazu gehören auch die „Märchen“, die sich – neben „Bilderbüchern“, „ABC-Geschichten“, „Sprachspielen“, „Gedichten“ u. dgl. – aufgrund ihrer Inhalte und Strukturen in hervorragender Weise für einen kreativen und produktiven Umgang eignen.

Die Frage nach dem letzten, dem „eigentlichen“ Ziel des Ganzen ist so zu beantworten: mehr Freude am Lesen und Schreiben. Denn das hat die PISA-Studie gezeigt: Lesekompetenz setzt Leselust voraus! Natürlich werden daneben auch andere Ziele wie „Bäume“ wachsen: „Selbstvertrauen“ und „Selbständigkeit“, „Fremd-“ und „Selbstverständnis“, „Kreativität“ und „Phantasie“.

Wie ist das Verhältnis des „kreativen Lesens und Schreibens“ zum traditionellen Literaturunterricht zu sehen? Falsch liegt, wer „kreatives Lesen und Schreiben“ als Patentrezept und als neue Wunderwaffe propagiert, denn eine Märchenbehandlung, die sich ausschließlich darauf verläßt, stößt auf seine Grenzen. Es gibt – wie bei jeder Methode, die oft im Unterricht angewendet wird – Abnützungserscheinungen. Auch „kreatives Lesen und Schreiben“ wird – aus Schülersicht – irgendwann zum Alltagsgeschäft. Lehrer, die meinen, hier ein Allheilmittel, den ultimativen Ausweg aus dem Dilemma, in dem ihr Literaturunterricht steckt, gefunden zu haben, haben noch nicht erfahren, daß auch kreative Stunden mißlingen können und manchmal Schüler wie Lehrer nicht kreativ gestimmt sind. Deswegen sollte diese neue Form des Unterrichtens die traditionellen Formen nicht alleinseligmachend ersetzen, sondern sie ergänzen und komplettieren. Kreatives Lesen und Schreiben und traditionelle Lese- und Schreibarten sollten als ein Bündnis verstanden werden, das für beide Seiten nützlich sein kann.

Überträgt man diesen Standpunkt auf unser Bild, so könnte der traditionelle Lese-und Aufsatzunterricht als das „Geländer“ der „Brücke“ zum „Land des Lesens und Schreibens“ gesehen werden. Dieses „Geländer“ gewährt einen gewissen Halt, ist ein Wegweiser für die Schüler, während sie sich auf der breiten „Brücke“ frei bewegen können. So könnte das, was uns vorschwebt, nämlich eine möglichst gut ausgeprägte „Lese- und Schreibkompetenz“ am ehesten erreicht werden.

Märchen leben heute vor allem dank der Medien

Aus einem Aufsatz einer elfjährigen Schülerin (Sechstes Jahrbuch der Kinderliteratur 1981, S. 182):

> *„Eines Tages waren meine Eltern mit meiner Schwester verreist, und ich mußte bei meiner Oma bleiben. Als ich aus der Schule kam und zu Mittag gegessen hatte, fragte mich Oma: 'Soll ich dir ein Märchen erzählen, Jenny?' 'Ich weiß nicht, Oma', sagte ich zögernd. Oma sagte: 'Es ist ein Märchen, das du bestimmt noch nicht kennst!' 'Ich muß noch meine Hausaufgaben machen', antwortete ich. 'Gut, dann beeile dich damit.' 'Danach habe ich leider auch keine Zeit.' Oma fragte erstaunt: 'Warum denn nicht?' 'Um 17 Uhr will ich den Kriminalfilm für Kinder sehen!' Von dieser Minute an hat Oma mir nie wieder ein Märchen erzählt."*

Die althergebrachte Vorstellung von der Mutter oder Großmutter, die ein Märchenbuch zur Hand nehmen und zu erzählen beginnen, um ihre Kinder und Kindeskinder zu besänftigen oder ihnen die Zeit zu vertreiben, ist ersetzt worden durch das Bild des in ein Märchenhörspiel versunkenen oder von einem Märchenfilm faszinierten Kindes. Die Zeiten, als Börries von Münchhausen so anrührende und idyllische Szenerien von märchenlauschenden Kindern mit vor Aufregung „glänzenden Augen und feurigen Bäckchen" entwerfen konnte, scheinen längst vergangen zu sein:

Glänzende Augen und feurige Bäckchen,
eins rechts, eins links im Sofaeckchen,
die kleinen Hände fest geballt.

„Also der Königssohn kam aus dem Wald
mit der Prinzessin glücklich heraus,
und nun ist die Geschichte aus!"

Zwei tiefe Seufzer. Die rosa Mäulchen
schließen sich für ein kurzes Weilchen,
und dann zwei Stimmen, ganz sentimental:
„Nochemal, bitte, bitte, Papa, nochemal!"

Die Schneekönigin und *Frau Holle, Gruselhans* und *Froschkönig, Das kleine Mädchen mit den Schwefelhölzern* und *Tölpelhans, Das tapfere Schneiderlein* und *König Drosselbart* ... sie alle gibt es auch auf Kassette, im Kino, im Fernsehen, auf Video, neuerdings auf CD-ROM. Wenn es darum geht, Kindern Märchen nahezubringen und zu erzählen, bedarf es heutzutage keines Buches mehr.

Die Märchenkassette, der Fernsehfilm – auf Video aufgenommen – sind zuverlässig, weitgehend verfügbar, bieten auf Wunsch lustige oder spannende, manchmal auch gruselige Märchen an, ermöglichen es, auf Tastendruck die Lieblingsstellen ständig zu wiederholen und stellen ihrerseits kaum Ansprüche und Forderungen an den Zuhörer oder Betrachter. Ist es ein Wunder, wenn manche Kinder stunden-, ja nachmittagelang mit elektronischen Medien beschäftigt sein wollen?

Es kann einen nicht sonderlich überraschen, wenn unsere Kinder auf die Frage nach der Herkunft ihres Märchenwissens mehrheitlich die Medien nennen.

In einer ARD-Sendung wurde behauptet, daß 80 % der Kinder die Märchen nur noch über die technischen Medien kennenlernten – eine Zahlenangabe, die allerdings stark überhöht erscheint. Eine Untersuchung von Dieter Marenbach aus dem Jahre 1971 ergab, daß bei Kindern im Alter von sieben und acht Jahren die Erstbegegnung mit Märchen annähernd zu gleichen Teilen über technische Medien, also über Platten / Kassetten, Radio und Fernsehen, wie über die traditionellen Medien, also auf dem Weg des Erzählens, Vorlesens und Selberlesens, erfolgte. Eine Erhebung von Karl Andre aus den 90er Jahren mit rund 450 Grundschülern zeigte, daß der Anteil der Hörkassetten (27 %), des Fernsehens (23 %) und der Videofilme (12 %) zwischenzeitlich auf insgesamt 62 % angewachsen, der Anteil des Buches (33 %) und der Erzählung (5 %) dagegen auf 38 % gesunken ist.

Lehrerinnen und Lehrer kommen an der Tatsache nicht vorbei, daß ein Großteil ihrer Schüler ihre Märchenkenntnisse Filmen und Fernsehsendungen verdankt. Sie mögen dies bedauern oder kritisieren, aber es ändert nichts an dem Sachverhalt. Die Schule muß auf diese veränderte Situation reagieren. Sie kann sich nicht länger der neuen Aufgabe verschließen, ihren Schülern bei der Rezeption und Verarbeitung von Märchenfilmen zu helfen – nicht mit dem Ziel der Warnung vor diesem Medium, auch nicht in dem Sinne, den Schülern zur „Belohnung“ für harte Unterrichtsarbeit ab und zu eine schöne Filmstunde zu bereiten, sondern mit dem Ziel, sie fortlaufend anzuleiten zum bewußteren und genaueren Sehen und sie zu befähigen, mit Märchenfilmen kritischer und emanzipierter umzugehen. Märchenverfilmungen zu ignorieren, sie grundsätzlich als dem Märchen unangemessen abzulehnen und aus dem Unterricht auszuschließen, sind die falschesten Reaktionen. „Sollen die Schüler in unserer Gesellschaft kommunikativ handlungsfähig werden, müssen auch Kassetten-, Film- und Fernsehtexte zum

Gegenstand schulischer Auseinandersetzung werden“ (Lange 1994, S. 677). Der Deutschlehrer von heute muß es als wichtige Aufgabe ansehen, seine Schüler nicht nur im Hinblick auf gedruckte Texte lesefähig zu machen, sondern auch im Hinblick auf Bilder und mediale Texte, in unserem Falle also auf Märchenbilder, -kassetten und -filme.

Kinder brauchen Märchenbilder!

Zunächst einmal ist festzuhalten: Medium des Märchens ist das gesprochene oder geschriebene Wort, Illustrationen sind prinzipiell nicht notwendig, denn ein unverbildeter Rezipient schafft sich seine Bilder selbst, sieht sie beim Hören oder Lesen vor – oder besser hinter – seinem geistigen Auge aufsteigen.

Sollte man also dem Kind keine illustrierten Märchenbücher anbieten?

Es gibt durchaus Verfechter dieser These. Bruno Bettelheim (1977, S. 60 f.) gehört zu ihnen. Er findet, bebilderte Märchenbücher seien „für das Kind nicht das Beste“, denn die Illustrationen wirkten eher ablenkend als hilfreich und ergänzend, ließen die Phantasie der Kinder veröden; durch sie gehe viel von der persönlichen Bedeutung verloren, die man den Kindern beim Vorlesen oder Erzählen schenken könnte. Sicherlich gibt es hin und wieder Kinder wie Ulla Hahn eines gewesen ist, und die sie in ihrem Roman *Das verborgene Wort* so beschreibt: „Ich mochte Bilder in Büchern nicht. Meine Schneewittchen, Rotkäppchen, Hexen und Feen, Zwerge und Riesen sahen alle anders aus. Bilder nahmen den Buchstaben bloß den Platz weg.“ Typisch in diesem Zusammenhang ist auch der Ausspruch: „Wenn hundert Kinder Rotkäppchen als Illustration oder im Film sehen, dann haben alle mehr oder weniger die gleiche Figur gesehen. Wenn aber hundert Kinder das Märchen von Rotkäppchen erzählt bekommen, haben sie hundert verschiedene 'Filme' gesehen."

Hier ist – mit unterschiedlichen Worten – der entscheidende Einwand angesprochen, auf den alles hinausläuft: Wir lassen einen Illustrator über die Phantasie unserer Kinder bestimmen, weil die Figuren, Landschaften, Gebäude und Ereignisse ja nicht aus der eigenen Phantasie, sondern aus der eines anderen Gestalt gewinnen.

Die Meinung „(Märchen-)Lektüre beflügelt die Phantasie, (Märchen-)Bilder töten sie ab!" ist weit verbreitet. Auffällig an ihr ist die Angst, von den in sich aufgenommenen Bildern nicht mehr loszukommen und sich nicht distanzieren zu können – als würden die Bilder gleichsam einverleibt, führten als ungebetene Eindringlinge ihr eigenständiges Leben und verdrängten die kreative Produktion eigener, innerer Bilder. Aber – so fragt man sich – auch die eigenen Bilder müssen doch wohl irgendwo herkommen. Braucht nicht unsere Vorstellungskraft ständig äußere Bilder, um in Betrieb zu bleiben? Verdanken wir nicht all unsere inneren Bilder letztlich vorausgegangenen äußeren Bildern? Warum sollten wir nicht von Bildern stimuliert werden dürfen? So gesehen erscheinen einem die Bilder rehabilitiert: Nicht Phantasie-Killer sind sie, sondern Förderer innerer Phantasiewelten! Diese „Verteidigung der Bilder" gilt es allerdings einzuschränken auf ausgezeichnete, authentische, eindrucksvolle Illustrationen (wobei der Begriff wörtlich zu nehmen ist: einen Ein-Druck im Kind hinterlassend). In Anbetracht des Augenfutters, das die Märchenbilder eines Maurice Sendaks, einer Binette Schroeder oder einer Henriette Sauvant bieten, wird es uns schwer, diese von allzu besorgten Menschen vertretene Absage an Bilder zu teilen.

Allen Befürchtungen zum Trotz – zweierlei ist festzuhalten:

- Wir dürfen niemals vergessen, daß Kinder „Augenwesen" sind. Kinder lieben – wir wissen es alle – die Bilder in ihren

Büchern. Schon klassisch zu nennen ist jene Anfangsstelle in *Alice im Wunderland*, in der die kleine Alice ihre große Schwester verwundert fragt: „Was für einen Zweck haben eigentlich Bücher, in denen überhaupt keine Bilder vorkommen?"

- Wir sind in der glücklichen Lage, daß wir – neben all der Dutzendware und dem Bilderramsch – auf ein beachtliches Angebot an guten, vielschichtig angelegten Illustrationen zurückgreifen können, auf Bilder, die den Vorstellungskräften unserer Kinder großen Spielraum lassen und sie zu produktiver, kreativer und phantasiefördernder Betrachtung führen können.

Richtig ist: Jedes Bild in einem Märchenbuch deutet, interpretiert, akzentuiert den Text. Das ist das Recht eines jeden Illustrators. Aber an der Art der Deutung zeigt sich seine Klasse. Die einen legen den Betrachter durch ihre Bilder fest und lassen nur ganz bestimmte Vorstellungen zu, engen ein und zügeln die Imaginationskraft, die anderen aber regen an und bereichern.

Auf die Frage „Wie weit darf ein Bild-Künstler mit seiner Deutung und Interpretation des Märchens gehen?" gibt es eine einzige, sehr lapidare Antwort: „So weit er will – sofern er weiß, was er will!" Damit ist die Verantwortung des Illustrators gegenüber dem Gegenstand (= dem Text) angesprochen, die bei Märchen naturgemäß besonders hoch anzusetzen ist, und der Respekt, den er gegenüber dem Rezipienten (= dem kindlichen Betrachter) bezeugt, über den ja oft genug gesagt wird, für ihn sei das Beste gerade gut genug.

Rotkäppchen, von verschiedenen Illustratoren und Illustratorinnen gesehen

Jonathan Langley

Janosch

Tony Ross

Heidrun Boddin

Dick Bruna

Wie illustriert man Märchen? Es gibt – vereinfacht gesagt – zwei gangbare Wege und eine Billiglösung:

- Man reduziert und beschränkt sich aufs Wesentliche, bemüht sich um eine – möglichst kunstvolle – Vereinfachung der Handlungsverläufe; man hütet sich, mehr als Andeutungen zu geben, setzt auf Symbolik und Abstraktion. Die *Rotkäppchen*-Darstellungen von Dick Bruna (1968), Lisbeth Zwerger (1983) und neuerdings von Eric Battut (1998) mögen dafür als Beispiele dienen; sie verstehen es auf höchst unterschiedliche Art und Weise, nur das Notwendigste ins Bild zu bringen.
- Man baut aus, reichert an und formt – im Rahmen dessen, was der Text hergibt – seine Bilder erzählerisch durch; man versucht etwas zu bieten; dem Betrachter sollen die Augen aufgehen, übergehen. Bernadette (1968) mit ihren liebevoll bis ins Detail ausgepinselten oder Friedrich Hechelmann (1979) mit seinen üppig angelegten *Rotkäppchen*-Illustrationen sind typische Vertreter dieser Richtung.
- Die Billiglösung: Man produziert Bilder, die leicht zu konsumieren sind, gibt sich gefallsüchtig und beschränkt sich auf bloße Visualisierung in platter 1 : 1-Übertragung. Kaufhaus-Märchenbücher mit ihren kitschig-süßlichen Klischeebildern und ihrer aufdringlichen Kolorierung sind exemplarisch für diese Art von Illustration.

Halten wir fest: Abbildungen in Märchenbüchern sind im Grunde genommen unnötig, d. h. sie gehören nicht zum eigentlichen Wesen dieser Erzählgattung. Sie können – sofern Stümper am Werk sind – unbrauchbar bis schädlich sein. Aber es gibt so wunderschöne und künstlerisch hochwertige Bilder, die wir nicht missen mögen. Wenn sie gelungen sind, „können Bilder das Märchen auf ihre Weise neu erzählen und ein Genuß sein." (Knoch 2000, S. 8)

Allerdings: auch das Bilderbetrachten ist eine Sache, die man nicht einfach kann, sondern etwas, was gelernt werden muß. Deshalb sollten wir das Kind bei der Erstbegegnung mit den Buchillustrationen nicht allein lassen, denn dann lernt es nur das flüchtige Hinsehen, das Um-und Weiterblättern und das Hungrig-Bleiben. Walter Scherf schrieb einmal: „Fehlt der Mitentdecker, so lernt das Kind nichts anderes, als Bilder unausgekostet zu verschleißen" (zit. nach Schaufelberger 1992, S. 159).

Brauchen Kinder vertonte und verfilmte Märchen?

Bei Märchenkassetten, Märchen-CDs und Märchenfilmen wiederholen sich im Grunde die genannten Legitimations- und Bewertungsprobleme, sie treten allerdings in deutlich verschärfter Form auf. Dies gilt besonders hinsichtlich des Verdachts, die technischen Medien lähmten die Phantasie und die Eigenkreativität der Kinder, trifft aber auch für die Ausgangslage ganz generell zu, die dadurch gekennzeichnet ist, daß auf seiten der Kinder eine große Anhänglichkeit gegenüber den technischen Medien und auf seiten der Pädagogen eine hohe Reserviertheit auszumachen ist.

Kinder haben die Frage „Brauchen wir Märchenkassetten und Märchenfilme?" längst auf ihre Weise eindeutig beantwortet. Für sie ist die Sache klar: Zum einen geben sie in der Regel dem Märchenfilm und der Märchenkassette den Vorzug vor dem Buch (vgl. Wardetzky 1995, S. 25), zum andern wollen sie aber auch gerne eine Geschichte, die sie in dem einen Medium schätzen gelernt haben, in anderen Medien kennenlernen. Dabei gilt der Satz „Das Märchen, das ich gelesen oder gehört habe, mag ich auch gerne sehen" auch in der Umkehrung „Das Märchen, das ich gesehen habe, mag ich auch gerne nachlesen". Es gibt also beide Wege: vom Märchenlesen zum Märchenfilm wie umgekehrt vom Märchenfilm zurück zum Märchenlesen. Die erstgenannte Möglichkeit halten die meisten Lehrer für normal und unbedenklich, nicht hingegen die zweitgenannte. Die Vorstellung, den Märchenfilm als Brücke zum Märchenbuch didaktisch zu nutzen, wird immer noch von vielen ignoriert.

Überhaupt sind sich die Erwachsenen bezüglich der Bedeutung von Kinderkassette und -film nicht sonderlich sicher. Die Zeitschrift *Grundschule* hat vor Jahren eine Reihe von Kinderbuchautoren und -illustratoren um ihre Meinung über Kinderfilme gebeten; die Antworten brachten ein breitgestreutes Spektrum zutage und zeigten die ganze Palette zwischen Zustimmung und Ablehnung.

Negative Haltungen, wie die von Gudrun Pausewang („Obwohl es einige – wenige – gute Märchenfilme gibt, bin ich der Meinung, daß Kinder keine Filme brauchen. Denn Filme nageln die Phantasie der Kinder fest." Grundschule 1991, S. 10) wurden mit den üblichen und bekannten Argumenten begründet, die auch von seiten mancher Pädagogen, Literaturwissenschaftler, Psychologen und Philosophen vorgebracht werden (Weber: „Verfilmung engt ein und legt durch fotografische Genauigkeit fest, hebt die Kompositionsaktivität der Lektüre auf. Doch es ist die Bestimmtheit, die man als Enttäuschung, wenn nicht gar als Verarmung empfindet." – Oder Keilhacker: „Der Film nimmt vorweg, was sich in der Seele des Kindes abspielen sollte; er hemmt die Phantasie." – Oder noch pointierter Guardini: „Jeder Märchenfilm betreibt eine Zerstörung, denn an die Stelle des Geheimnisses, in welchem sich der Kindertraum bewegt, tritt der Trick, d.h. die verdorbene Wirklichkeit" (zit. nach Schneider 1982, S. 225f.).

Zustimmende Haltungen, wie die von Christa Kozik („Es ist genauso, als würde man fragen: Brauchen Kinder Brot? Aber nicht irgendein Brot, sondern echtes Brot, gebacken nach den guten alten Regeln der Kunst." Grundschule 1991, S. 10) oder Katrin Lange („Kinder brauchen alles, was kreativ macht. Brauchen Bücher zum Lesen und Phantasieren. Brauchen Hörstücke, bei denen sich jeder selbst denken kann, wie die Leut' aussehen. Brauchen Malhefte mit möglichst wenig Konturen. Und brauchen richtige echte Kinofilme – und wenn es nur zum Zwecke wär', daß sie Bilder sortieren lernen. Und Storys verstehen." Grundschule 1991, S. 12) wurden damit begründet, daß nicht nur Literatur, sondern auch gute Filme phantasieanregend und kreativitätsfördernd wirken können, denn auch sie lassen individuelle Auslegungen und vielfältige Deutungen zu und ermöglichen es dem Betrachter, sich den eigenen „Film im Kopf" selber zu schaffen.

Dabei sind die Märchenkassetten und Märchenfilme hinsichtlich ihrer Funktionen und Voraussetzungen durchaus unterschiedlich einzuschätzen.

Als Kritikpunkte gegenüber den *Märchenkassetten* werden üblicherweise genannt:

- Die Kinder würden allein gelassen und ihre Phantasie liege brach.
- Die Märchentexte würden – je nach Bedarf – willkürlich gekürzt oder gestreckt, „gereinigt" von Grausamkeiten oder auch aufgebauscht durch vordergründigen Zauber und Action-Momente.
- Oftmals werde das Märchen penetrant mit einer „Lehre" in Verbindung gebracht, die weit hergeholt sei und das Märchen zum Erziehungsmittel herabstufe (z.B. „Bleib immer hübsch auf dem Weg!" oder „Wer nicht gehorcht, ist selber schuld, wenn ihm etwas Schlimmes passiert!").
- Die Märchen würden von den Kassettenherstellern als billige und verkaufsträchtige Stoffe mißbraucht, was sich u.a. an schwachen, übertrieben artikulierenden Sprechern, akustischen Primitiveffekten und banalem Musikgeplänkel zeige.

- Bei der Bearbeitung werde auf die speziellen Gegebenheiten des Märchens keinerlei Rücksicht genommen; sie würden nach einem einheitlichen Schema – wie jede x-beliebige andere Textart auch – produziert.

Bei aller Kritik wird gern übersehen, daß in den Medien „Funk“ und „Kassette“ die auditive Komponente wiederkehrt, die ja die ursprüngliche Darbietungsform des Märchens war, als man sie noch mündlich tradierte. Über Hörkassetten und CDs läßt sich die akustische Phantasie, die seit dem Rückgang des Märchenerzählens vernachlässigt wurde, fördern und entwickeln. Märchenhören in dieser Form ist das Märchenerzählen von einst übertragen ins Heute. So gesehen können die Märchenkassetten und Märchen-CD's für Kinder eine überaus wichtige und positive Aufgabe erfüllen – sofern sie gut gemacht sind.

Märchenverfilmungen gibt es heutzutage in Hülle und Fülle. Man ist sich aber weithin darüber einig, daß gerade sie in aller Regel sehr kritikträchtige Lösungen darstellen. Neben dem Haupteinwand „Filmbilder zerstören die Phantasie“ werden vor allem immer wieder folgende Vorwürfe geltend gemacht:

Märchenfilme im Kino und im Fernsehen

- bieten nicht jene Vertrautheit und Geborgenheit, die das Märchenerzählen auszeichnet,
- konkretisieren das Phantastisch-Wunderbare,
- besetzen die „Leerstellen“ des Märchens und binden dadurch die Phantasie des Betrachters,
- legen die Personen auf bestimmte Stereotype und Klischees fest,
- führen zur Frage „Wie ist das gemacht?“, wodurch der Märchenzauber verloren geht.

Andere bestreiten die These, Filme würden die Phantasie der Kinder grundsätzlich hemmen. Dies sei ein längst überholtes Vorurteil. Sie sind vielmehr der Meinung, daß gute Märchenverfilmungen durchaus Spielräume für kreative Prozesse lassen. „Der kreative Prozeß, der beim Betrachter eines Films ... in Gang gesetzt wird, besteht in der Herstellung eines Zusammenhanges zwischen Segmenten, die filmische Einstellungen ihrer Natur nach sind. In der Rekonstruktion dessen, was nicht gezeigt worden ist, wird der Betrachter schöpferisch" (Knauss 1995, S. 9). Gute Märchenfilme – so konnte schon Lotte Reiniger mit ihren frühen Silhouettenfilmen beweisen – zeigen nicht alles, sondern lassen Platz für die eigenen Bilder, schaffen Freiräume für Phantasie und nachdenkliche Gespräche.

Es sollte in diesem Zusammenhang nicht unerwähnt bleiben, daß sich die Märchen offensichtlich besonders gut für CD-ROM-Adaptionen eignen. Es gibt davon inzwischen eine ganze Reihe schwacher (*Rotkäppchen*), passabler (*Schneewittchen und die Sieben Hänsel*), aber auch hervorragender Produktionen (*Schneekönigin*).

Stichwort: Märchenfilme im Unterricht

Wer einen Märchenfilm in seinem Deutschunterricht angemessen einsetzen will, dem stellen sich vor allem zwei Fragen:

- Welcher Märchenfilm sollte es sein? (Problem der Beurteilung)
- Wie vermittelt man Märchenfilme am besten? (Problem der Didaktisierung)

Eine überzeugende Antwort auf die Frage, was einen guten Märchenfilm auszeichnet, ist schwer zu finden. Sie berührt einen Grundwiderspruch, in den jeder Regisseur gerät, der ein literarisches Werk verfilmt, nämlich mit der Spannung zurechtzukommen, sich einerseits der literarischen Vorlage anzupassen, sich ihr verpflichtet zu fühlen, ihr gegenüber treu zu bleiben und gleichzeitig frei zu sein und autonom und eine eigenständige, dem Medium „Film" adäquate Bildsprache zu finden. Am Anfang einer jeden medialen Märchenadaption steht eine Art „Verrat", denn keine Übersetzung in ein anderes Medium ist jemals ohne „Schuld"! Soll ein guter Märchenfilm entstehen, muß gestrichen, ignoriert, unterschlagen, aber auch kommentiert, ausgebaut und weitergeführt werden. Es geht ja nicht darum, ein Märchen möglichst buchstabengetreu herunterzukurbeln, sondern mit der literarischen Vorlage kreativ umzugehen. Literarisch hochwertige Texte – wie es die Märchen sind – vertragen das nicht nur, sie verlangen es. Mediatisierungen, die sich allzu ängstlich an die Märchenvorlage halten, sind meist langweilig.

Die Hauptfrage bei der Beurteilung von Märchenfilmen lautet:

Ist die Übertragung des Märchenstoffes vom Medium „Buch" auf das Medium „Film" legitimiert

- deswegen, weil inhaltlich die richtigen Akzente gesetzt und dem Märchentext neue, originelle Aspekte abgewonnen wurden, die der inneren Logik und der Poesie des vorliegenden Märchens entsprechen (= inhaltliche Bearbeitung des Stoffes: Auslassungen, Hinzufügungen, Umstellungen, Einführung neuer bzw. Wegfall unerwünschter Figuren und Tendenzen ...)

- deswegen, weil die dem jeweiligen Medium zur Verfügung stehenden formal-technischen Möglichkeiten zur Bewältigung des Stoffes in optimaler Weise genutzt wurden (= formale Umsetzung: Einstellungsgröße und -perspektive, Kamerabewegung, Montage, Farb- und Beleuchtungseffekte, Geräusche, Musik, Sprache ...).

Je nach Beantwortung dieser Frage lassen sich verschiedene Grundtypen der Transformierung unterscheiden,

- eine, die die Märchenvorlage inhaltlich verfälschend und formal verfehlt bearbeitet (Beispiele für eine unangemessene, die Märchen unterlaufende Bearbeitung finden sich reihenweise in der neuen SimsalaGrimm-Serie)
- eine, die die literarische Vorlage inhaltlich getreu und formal gelungen umsetzt (als Beispiele für werkgetreue, kongeniale Umsetzungen lassen sich die von Jim Henson sehr einfühlsam und einfallsreich produzierten Filme zu *Hans mein Igel* oder *Von einem, der auszog, das Fürchten zu lernen* anführen, bei denen der Märchencharakter weitgehend erhalten bleibt)
- eine, die die Vorlage inhaltlich angemessen und formal geglückt weiterführt (ein Beispiel für eine angemessene Weiterführung liegt mit dem sehr reizvollen und intelligent gemachten Trickfilm zum gleichnamigen Bilderbuch *Aufstand der Tiere oder Die neuen Stadtmusikanten* von Jörg Müller und Jörg Steiner vor).

Die zuerst genannte Grundform spielt – quantitativ gesehen – gerade bei den Märchenstoffen eine dominierende Rolle, die zweite und vor allem die dritte sind dagegen ausgesprochene Raritäten.

Doch selbst wenn es zutreffen sollte, daß die Film- und Fernsehregisseure bisher „noch nicht die Form gefunden haben, die den Märchen entspricht“ (Knoch 2000, S. 10), wäre damit kein generelles Verdikt gegen Verfilmungen von Märchen zu rechtfertigen. Es gibt grundsätzlich nichts, was nicht auch über einen Film auszudrücken wäre!

Wenn es um das Problem der didaktischen Vermittlung geht, ist grundsätzlich festzuhalten, daß Märchenfilme entweder allein Gegenstand einer Unterrichtssequenz sein oder aber mit dem zugrundeliegenden Text in Verbindung stehen können. Didaktisch besonders reizvoll ist die medienintegrierende Form, also die Beschäftigung sowohl mit der literarischen Vorlage als auch mit der medialen Adaption. Lehrerinnen und Lehrer, die Text und technisches Medium heranziehen, tun jedoch gut daran, sich nicht auf ein inhaltliches Vergleichen allein zu beschränken. Dies könnte zu einem unergiebigen und spannungslosen Abhaken inhaltlicher Elemente führen.

Die Einbeziehung von Märchenfilmen in den Unterricht macht die Berücksichtigung mindestens sechs didaktischer Grundprinzipien notwendig:

Erstens: Wer den Märchentext und den Märchenfilm nicht als Konkurrenten und Gegner betrachtet, sondern als eigenständige und gleichberechtigte ästhetische Produkte versteht, für den ist es im Grunde unerheblich, ob mit dem Film oder dem Text begonnen wird. Allerdings ist es – des dramaturgischen Aufbaus wegen – zumeist besser, den Film erst nach der Textrezeption einzusetzen. Im Prinzip sind folgende didaktischen Orte des Einsatzes von Märchenfilmen denkbar:

- *vor* der Lektüre (als Einstimmung, Ausgangspunkt, Problemfindung, interessanter Einstieg ...), also am Anfang der Unterrichtssequenz, kann der Film ganz oder ausschnittweise gezeigt werden,
- *während* der Lektüre (in ständigem inhaltlichen Vergleich, als interpretierende Transformation ...) kann der Film Stück für Stück angeboten werden,
- *nach* der Lektüre (als Zusammenfassung, Auswertung, Vertiefung, Übertragung auf einen anderen medialen Kanal, Ausklang ...), also am Ende der Unterrichtssequenz, kann der Film eingesetzt und im Ganzen, in voller Länge, angesehen werden.

Zweitens: Zu überlegen ist zunächst, welche didaktischen Absichten mit dem Einsatz des Märchenfilms verfolgt werden sollen (vgl. Lange 1994, S. 687ff.):

- Bildet der Film einen selbständigen („medialen") Text neben anderen?

- Soll er – im Anschluß an die eigene Deutung des Märchens – als weitere mögliche Vergleichsinterpretation „gelesen" werden?
- Dient er als interessanter Einstieg in ein Thema oder Problemfeld?
- Sollen die Schüler lernen und üben, begründete Filmbeurteilungen oder Drehbücher zu erstellen?
- Geht es darum, die filmspezifischen Mittel zu erkennen und hinsichtlich ihrer Wirkung zu untersuchen?
- Soll das Filmerlebnis als Anlaß für eine produktiv-kreative Weiterarbeit genommen werden? …

Drittens: Zu fragen ist dann, in welcher methodischen Abfolge vorgegangen werden soll. Als Alternative zum traditionellen, stark lehrerzentrierten und geschlossenen Verfahren wird hier für ein moderneres, stärker schülerorientiertes und offeneres plädiert (vgl. Sahr 1997, S. 44). Es basiert auf einem Dreierschritt:

- Rezeptionsphase (Sehen des Films und spontane Meinungsäußerungen)
- Verarbeitungsphase (Sprechen über inhaltliche und formale Aspekte – nach bestimmten Schwerpunkten, die sich von der spezifischen Eigenart des jeweiligen Films her anbieten)
- Produktionsphase (kreatives Umgehen mit dem Film).

Bei diesem Verfahren wird auf allen Stufen, also auch schon bei der Medienauswahl, versucht, die Schüler in wichtige Entscheidungsprozesse einzubeziehen – aus dem Wissen heraus, daß Schüler, die am Zustandekommen von Unterricht aktiv beteiligt werden, ein viel tieferes und motivierteres Verhältnis gewinnen als die, die Unterricht immer nur als etwas von außen Aufgezwungenes erleben.

Viertens: Die Filmvorführung selbst sollte zu einem eindrucksvollen Gemeinschaftserlebnis der Klasse werden. Es ist deswegen davon abzuraten, sie sofort mit gezielten Beobachtungsaufgaben zu verbinden. Das bedeutet nicht, den Märchenfilm zu einem passiven (Vergnügungs-)Medium verkommen zu lassen. Im Gegenteil. An die Vorführung sollte sich ein freier, ungelenkter Meinungsaustausch anschließen. Vom Lehrer wird – statt eines Trommelfeuers von Fragen – ein geduldiges Abwarten und kommentarloses Annehmen der Schülerreaktionen verlangt. Als günstig erweist sich, von vornherein eine Dauer des Schweigens festzulegen; erst nach ein oder zwei Minuten sollen sich die Schüler melden.

Bei dieser spontanen, offenen Aussprache ist natürlich zu respektieren, wenn die Kinder unterschiedlichste Meinungen vom Film haben; andernfalls gewöhnen sie sich sehr bald ab, ihre ersten, „echten" Eindrücke mitzuteilen.

Diese Phase darf auf keinen Fall Alibi-Charakter erhalten – nach der Devise „Erst lasse ich die Kinder ruhig ungehemmt sprechen, nach einer bestimmten Zeit aber müssen sie auf der Linie meiner Konzeption sein!" Die Beiträge der Schüler sind vom Lehrer vielmehr sehr genau zu registrieren und sollten – wenn möglich – später aufgegriffen und als Anregungen für die Weiterarbeit verstanden werden.

Fünftens: Nach dieser ersten Filmvorführung, in der der ästhetisch-künstlerische Eindruck nicht gleich durch bestimmte pädagogische Fragen und didaktische Vorhaben zerredet werden darf, schließt sich in einer nachfolgenden Stunde ein intensives Filmgespräch an. Ausgangspunkt dafür können besonders interessante Passagen sein, die ein zweites Mal vorgeführt werden. Als Gesprächsschwerpunkte bieten sich an und sind wahlweise ins Blickfeld zu rücken:

- Fragen zum Inhalt (Worin unterscheidet sich der Film vom Märchentext?)
- Fragen zum Gehalt (War das richtig, wie sich die Märchenfigur verhalten hat?)
- Fragen zur Form (Welche Einstellungsgrößen und/oder Perspektiven hast du im Film entdeckt? Wie findest du die Schauspieler, die Geräusche und die Musik?)
- Fragen zur Wirkung (Welche Szene hat dich besonders beeindruckt und warum?)
- Fragen zur Bewertung (Welche „Note" – in Form von Worten oder Symbolen wie Punkten, Sternchen, erhobenen oder gesenkten Daumen, lächelnden oder mürrischen Gesichtern – gibst du dem Film und wie begründest du sie?)

Märchenfilme brauchen das vertiefende Gespräch! Die Sorge ist weit verbreitet, daß Kinder überfordert sind, audiovisuelle Erlebnisse in Worte zu fassen, dem Reden darüber ausweichen und auf Kürzel oder Statements zurückfallen. Andererseits ist immer wieder festzustellen, wie bereitwillig und spontan sich Schüler über Filme äußern und wie spannend und ergiebig gut organisierte Mediengespräche ausfallen können. Wolfgang Gast (1996, S. 14 ff.) bezeichnet „das geordnete Sprechen" über Filme als die „stärkste Barriere" und empfiehlt deshalb – schon für Kinder im Grundschulalter – „kleinere Kurse" in Sachen „Filmsprache" oder das Herstellen einfacher Sequenzpläne. Auch hier gilt: Die Verbalisierung audiovisueller Eindrücke ist „eine Kunst, die man erlernen kann." (Benz 1998, S. 69)

Sechstens: Zum Abschluß werden die Schüler gebeten, Vorschläge zur musisch-spielerischen Medienverarbeitung zu machen (vgl. Sahr 1997, S. 45 ff.). Hierzu gehören alle Formen des bildnerischen Umgangs (Malen, Zeichnen, Collagieren, Drucken), des Spielens (ausgewählte Szenen nachspielen, verändern oder neue hinzuerfinden) oder der Verarbeitung mit Hilfe anderer Medien (eigene Tonband- oder Videoproduktionen).

Lotte Reiniger
Szene aus dem Silhouettenfilm *Schneeweißchen und Rosenrot*

Vier Unterrichtsbeispiele zu verschiedenen Märchentypen

Nachfolgend wird von vier unterrichtspraktischen Versuchen zu verschiedenen Märchenarten berichtet:

- *Hans im Glück* – ein Volksmärchen der Brüder Grimm
- *Das kleine Mädchen mit den Schwefelhölzern* – ein Kunstmärchen von Hans Christian Andersen
- *Der Froschkönig* – ein von Janosch erzähltes verändertes Grimm-Märchen
- *Ein Buch für Bruno* – ein modernes Bilderbuchmärchen von Nikolaus Heidelbach.

Glückspilz oder Pechvogel?

Volksmärchen: „Hans im Glück" der Brüder Grimm

Daß die Brüder Grimm ihren Märchenfiguren Namen geben, geschieht selten, und wenn, dann sind es in der Regel schlichte, unauffällige Vornamen wie „Grete" und „Liese", „Heinz" und „Hans". Erstaunlich oft werden männliche Märchenhelden „Hans" genannt, nicht weniger als achtmal taucht dieser Name bereits im Titel auf: *Der treue Johannes* (KHM 6), *Hänsel und Gretel* (KHM 15), *Der gescheite Hans* (KHM 32), *Hans heiratet* (KHM 84), *Hans mein Igel* (KHM 108), *Der Eisenhans* (KHM 136), *Der starke Hans* (KHM 166) und der sprichwörtlich gewordene *Hans im Glück* (KHM 83).

Zum Märchentext und seiner Aussage

Das letztgenannte Märchen erzählt von einem jungen Mann, der nach siebenjähriger Lehre zu seiner Mutter zurückkehren will und deshalb von seinem Lehrherrn den Lohn verlangt. Der ist über alle Maßen hoch: Für seine treuen Dienste erhält er einen Klumpen Gold, so groß wie sein Kopf. Auf dem Weg nach Hause geht er eine Reihe von Tauschaktionen ein, lauter Verlustgeschäfte, bis er am Ende mit leeren Händen, aber glücklich bei seiner Mutter ankommt. Er tauscht nacheinander mit absteigendem Wert

- den Goldklumpen gegen ein Pferd („Was ist das Reiten ein schönes Ding! Da sitzt einer wie auf einem Stuhl, stößt sich an keinen Stein, spart die Schuh und kommt fort, er weiß nicht wie.“)
- dann das Pferd gegen eine Kuh („Da lob ich mir Eure Kuh, da kann einer mit Gemächlichkeit hinterhergehen und hat obendrein seine Milch, Butter und Käse jeden Tag gewiß.“)
- die Kuh gegen ein Schwein („Ja, wer so ein junges Schwein hätte! Das schmeckt anders, dabei noch die Würste.“)
- dieses gegen eine Gans („Wenn ich's recht überlege, habe ich noch Vorteil bei dem Tausch: erstlich den guten Braten, hernach die Menge von Fett, die heraustraufeln wird, das gibt Gänsefettbrot auf ein Vierteljahr; und endlich die schönen weißen Federn, die laß ich mir in mein Kopfkissen stopfen, und darauf will ich wohl ungewiegt einschlafen.“)
- zuletzt die Gans gegen einen schadhaften Schleifstein und einen gewöhnlichen Feldstein als Zugabe („Ich werde ja zum glücklichsten Menschen auf Erden; habe ich Geld, sooft ich in die Tasche greife, was brauche ich da länger zu sorgen?“).

Im Schlußteil verliert er, müde und durstig an einem Feldbrunnen angekommen, auch noch diese beiden Steine. Als er trinken will, stößt er sie versehentlich in die Tiefe. Hans dankt Gott, daß er ihn – ohne sich einen Vorwurf machen zu müssen – von den schweren Steinen befreit habe und setzt „mit leichtem Herzen und frei von aller Last" seinen Weg zur Mutter fort.

Die Geschichte vom *Hans im Glück* – sie gehört zu jenen 60 Prozent der Grimm-Märchen, die nicht mit „Es war einmal" beginnen – hat eine interessante Struktur, wobei die Märchenzahlen „Sieben" und „Drei" wichtige Rollen spielen. Sie ist siebenteilig angelegt. Die einzelnen Abschnitte ergeben sich aus dem jeweiligen Besitztum. Jeder Abschnitt ist wiederum in drei Untereinheiten gegliedert: Die erste gibt Auskunft darüber, welche Tauschaktion er eingeht und warum, die anderen beiden schildern seine zunächst meist positiven Erfahrungen mit dem neuerworbenen Gut und schließlich die Umstände, die ihn zu einem weiteren Tausch veranlassen.

Der besondere Reiz dieses Märchen liegt darin, daß es – im Gegensatz zu den meisten anderen Märchen – sehr unterschiedlich gedeutet und ausgelegt werden kann. Das beginnt bei der Titelwahl, setzt sich fort bei der Charakterisierung des „Helden" und endet bei der Frage nach der Botschaft dieses Märchens.

Schon im *Titel* klingt ein humorig-spöttelnder Ton an. Er kündigt dem Leser vorab die zu ziehende „Lehre" an, die sich allerdings auch als andersherum, also ironisch gemeint, denken läßt. (Der einfachste und meistverwendete Kunstkniff des Ironisierens ist es ja, das genaue Gegenteil des Gesagten zu meinen.) Denn ob man wirklich von einem glücklichen Hans sprechen kann oder von einem Einfaltspinsel und Dummbart, der völlig widersinnige Handelsgeschäfte eingeht, hängt von der persönlichen Vorstellung, die man von „Glück" hat, ab. Der Titel scheint sich jedoch am Ende des Märchen zu bewahrheiten und wird sicherheitshalber im letzten Abschnitt noch einmal wiederholt. „So glücklich wie ich gibt es keinen Menschen unter der Sonne." Dennoch bleibt alles in der Schwebe, und es ist dem Leser überlassen, das Ganze buchstäblich zu nehmen oder in der Umkehrform zu deuten. Wie die Mutter reagieren wird, weiß man nicht auf Anhieb. Aber wahrscheinlich wird sie ihren Hans liebevoll aufnehmen und ihm keine Vorwürfe machen, wenn sie von seinen verlustreichen Geschäften erfährt. Sie wird ihm vielleicht sogar Lob zollen – vermutlich ist sie von gleicher Einfalt und Unbedarftheit wie ihr Sohn.

Warum ein Schwank- und Schmunzelmärchen wie dieses bei Grundschulkindern immer gut ankommt, liegt vor allem an der *Charakterisierung* des Protagonisten. Kinder genießen die eigene Überlegenheit im Vergleich zur Naivität dieses Dummlings. Dennoch: eine etwas genauere, kritische Analyse des Märchens und seines „Helden" ist nötig. Welche Aussagen macht der Märchentext über „Hans Wohlgemut" – wie er ursprünglich hieß?

Dem Anfangsabschnitt kann man entnehmen, daß Hans heimatverbunden ist und nach Hause zu seiner Mutter möchte. In seinen sieben Lehrjahren – welche Lehre er absolviert hat, erfährt man nicht – hat er seinem Herrn „treu und ehrlich gedient." Der Leser bekommt den Eindruck von einem braven, arbeitsamen Burschen. Aber schon der nächste Abschnitt, als er dem Reiter begegnet und ihn beneidet, nötigt den Leser zu einer anderen Einschätzung. Hans läßt sich von einem augenblicklichen Bedürfnis leiten, das er – so rasch es geht – befriedigen will. Das Gold macht ihm schwer zu schaffen, so ist er schnell bereit, es gegen ein Pferd zu tauschen, ohne nach dem wahren Gegenwert zu fragen und ohne daran zu denken, daß er des Reitens gar nicht mächtig ist. Diese Tendenz, zunächst nur und kurzsichtig die positiven Seiten in Betracht zu ziehen und nicht über den Augenblick hinauszudenken, tritt auch in all den weiteren Abschnitten zutage. Alles, was er sieht und was ihm gefällt, muß er haben; alles, was ihm momentan lästig ist, gibt er leichthin weg. Das ist der Grund, weshalb er in jeder neuen Begegnung anfänglich an sein uneingeschränktes Glück glauben kann. Außerdem ist er stets in übermäßiger Art von den ehrenwerten Absichten seiner Tauschpartner überzeugt. So spricht Hans im vierten Abschnitt: „Gott lohn Euch Eure Freundschaft", als er seine Kuh gegen das Schwein des Metzgers einhandelt. Aber zumindest die beiden letzten sind ausgesprochene Gauner, die auf niederträchtige Weise Hansens Naivität ausnützen.

Darüber aber besteht kein Zweifel: Hans leidet nicht unter seinen Verlustgeschäften. Das Gegenteil ist der Fall: Er fühlt sich wirklich als glücklicher Mensch – auch wenn man das als Leser nicht ohne weiteres nachvollziehen kann. Er nennt es Glück, wenn man übers Ohr gehauen wird und verliert, was man sich mühevoll erarbeitet hat. Er glaubt, umso freier zu sein, je weniger ihm gehört. Die Leichtigkeit, mit der er Niederlagen umzudeuten und wegzustecken vermag – „wie ihm doch alles nach Wunsch ginge, begegnete ihm je eine Verdrießlichkeit, so würde sie doch gleich wiedergutgemacht" – weisen ihn als einen Menschen aus, dem jegliche Schwarzseherei fremd ist.

Das macht ihn einerseits sympathisch und liebenswert: Als glücklicher Verlierer stellt er das Gegenbild des erfolgsorientierten Normalbürgers dar. Andererseits hat er eigentlich keinen Grund, glücklich zu sein. Er kehrt – offensichtlich ohne klüger oder reifer geworden zu sein – völlig mittellos zur Mutter zurück! Sie wird ihm Rückhalt bieten, in Zukunft für ihn sorgen müssen. Aber sehr bald wird Hans an die Grenzen seiner unbeschwerten Lebensart stoßen, wird beziehungslos sein und einsam. Dies stellt eine „Regression" dar, „keine Lösung". (Mallet 1995, S. 208)

Ein Vorbild für unsere Kinder? Warum das Märchen Kindern von heute unbedingt erzählt werden müsse, wird in einem „Elternbrief" (Brinek 1993, S. 46ff.) so zu begründen versucht:

> *„Für Kinder ist unsere Welt, trotz Konsumgesellschaft, noch nicht gänzlich materiell. Sie können unbewußt noch das Bildhafte dieses Märchens empfinden: Geld allein (!) macht nicht glücklich – es bekommt seinen wirklichen Wert erst durch das, wofür wir es ausgeben. Hans mißt den Wert seines Besitzes daran, was er mit ihm jeweils konkret anfangen kann: Er will schneller vorankommen, so ist ihm das Gewicht des Goldes hinderlich, er tauscht es gegen sein Pferd. Hans erkennt auch, daß Besitz eine Last sein kann. Das Pferd wirft ihn ab, die Kuh stößt ihn usw. Hans im Glück sorgt sich nicht um seine Zukunft. Er tut immer, was er in der augenblicklichen Situation für das Beste hält. Wenn er erkennt, daß die getroffene Entscheidung falsch war, handelt er. Wer dem Leben mit einer so positiven Einstellung begegnet, wird auch tatsächlich Glück empfinden. Schon allein, weil er nicht wehleidig sein Schicksal beklagt und sich nicht abhängig macht von Dingen, die ihm ohnehin nichts mehr nützen."*

Diese Deutung mag eine gewisse Berechtigung haben. Kein Geringerer als Ludwig Marcuse hat den Märchen-Hans einmal als den ersten Philosophen des Glücks gepriesen – nach dem Motto: „Glücklichsein gründet nicht in Hab und Gut, sondern im eigenen Selbst! Das Glück ist in dir!" Für Carl-Heinz Mallet (1995, S. 199ff.) ist dies allerdings ein unverdientes Lob, denn Hans rationalisiert und philosophiert ja nicht, er agiert und reagiert nur, folgt dem Lustprinzip, tut stets, was ihm in der momentanen Situation dienlich scheint.

Vor der Frage, ob Hans ein Lebenskünstler ist oder ein hoffnungsloser Dummkopf, steht auch jeder Illustrator dieses Märchens. Die bildlichen Darstellungen, die es vom *Hans im Glück* gibt, angefangen bei Ludwig Richter bis hin zu Rotraut Susanne Berner interpretieren das Märchen höchst unterschiedlich (vgl. Kaiser 1986). Da gibt es den befreit tanzenden Helden, den unschuldig-naiven „Hansi", den harmlos-herzigen Typ, den komisch-dümmlichen Burschen, den liederlichen Geldverplemperer ...

Ludwig Richter

Rotraut Susanne Berner

Bezüglich der *Botschaft des Märchens* sind – verkürzt gesagt – zwei konträre Auslegungen denkbar. Die erste Variante heißt: Alle Welt ist schlecht und hinterhältig. Man muß stets auf der Hut sein, denn überall lauern Menschen, die einen hinters Licht führen wollen! Die zweite Variante: Hans ist ein Sinnbild eines wahrhaft glücklichen Menschen. Er weiß sich stets zu helfen, klammert sich nicht an materielle Güter. Ihm ist das Frommsche „Sein" wichtiger als das „Haben".

Die „Wahrheit" aber liegt wohl in der Mitte: Auf der einen Seite ist es beneidenswert, wenn einer das frohe Gemüt und das Urvertrauen eines *Hans im Glück* hat; auf der anderen Seite ist es bedauernswert, so unkritisch, naiv und blind vertrauend durchs Leben zu gehen wie er. Die Doppelbödigkeit des Märchens, die Relativität des Glücks, sollte auch den Schülern vermittelt werden. Es geht um das sprichwörtliche Glücklichsein trotz Armut, infolge wunschloser Zufriedenheit. Glück und Wohlbefinden hängen nicht vom Geldwert der Dinge ab und materieller Verlust ist nicht gleichzusetzen mit Unglück – das könnte eine Botschaft dieses Märchens sein. Eine andere könnte lauten: „Das Glück ist der Narren Vormund" (wie es das Sprichwort sagt) oder „Der hat's gut, der ist blöd" (wie es deftiger im Volksmund heißt). Auch dies träfe für den törichten Hans zu. Wenn allerdings gilt, „daß Glück nur Glück ist, wenn man darum weiß" (Freese 1989, S. 105), paßt es wiederum so gar nicht für unseren Hans.

So oder so – viele Lesarten des Märchens sind denkbar: kognitive wie affektive, kritische wie affirmative, identifizierende wie distanzierende. Ob man bezüglich der Deutung treu auf der Buchstabenebene verbleibt oder ob man darüber hinaus auch die hintergründige Idee erahnt, hängt vom Alter des Lesers ab und seiner geistigen Reife. Im Unterricht gibt es selbstverständlich so manche Möglichkeit, zu dieser zweiten Ebene vorzustoßen (u. a. indem man über andere Schlüsse nachdenkt und über unterschiedliche Reaktionen der Mutter).

Weil es am Ende dieses Märchens zu einer Umkehrung des sonst üblichen Verlaufs kommt (Hans ist auf Wanderschaft: aber nicht hinaus in die Welt, um eine Prinzessin zu gewinnen, sondern zurück nach Hause, also dorthin, wo die meisten Märchen anfangen) und zu einer Verdrehung des sonst gültigen Wertesystems (Reichtum steht am Anfang, Mangel am Schluß: Hans hat den Lohn für sieben Jahre Arbeit, einen kopfgroßen Klumpen Gold, leichtfertig vertan), haben Märchenkenner es als „Parodie eines Glücksmärchens"

(Poser 1980, S. 34) und als „Antimärchen“ (Uther 1990, S. 490) charakterisiert.

Das *Hans-im-Glück*-Motiv ist äußerst populär. Im Archiv der *Enzyklopädie des Märchens* finden sich rund einhundert Varianten (vgl. Uther 1990, S. 487ff.). Ludwig Bechstein hat es bearbeitet und Hans Christian Andersen in seinem Märchen *Was Vater tut, ist immer richtig* (vgl. Sahr 1999, S. 87ff.) aufgegriffen. Es gibt eine Parodie von Janosch, in der Hans noch den härtesten Schicksalsschlägen Positives abgewinnen kann („ein Bein verloren, eine Schlampe geheiratet, aber immer kreuzfidel“; Diederichs 1995, S. 152), und einen *Hans im Glück von heutzutage* von Irmela Brender, die den Hans zum Autoschlosser macht und die ursprünglichen Requisiten durch Straßenkreuzer, Motorrad, Fahrrad, Rollschuhe und Schwedensandalen ersetzt. Auch Harald Grill hat sich in seinem Kinderroman *Hans im Glück – hin und zurück* (vgl. Sahr 2000, S. 144ff.) explizit wie implizit mehrfach auf dieses Märchen bezogen.

An medialen Adaptionen gibt es neben MC- bzw. CD-Versionen unterschiedlichster Qualität und Machart (als Rezitation, etwa von Manfred Steffen, oder als Hörspiel, wie die neue fünfzigminütige Produktion aus dem Altberliner Verlag) auch einige Verfilmungen. Darunter sind sowohl Animationsfilme, wie der zehnminütige farbige Puppentrickfilm aus der Serie *Die unsterblichen Märchen*, der in Landes-, Kreis- oder Stadtbildstellen entliehen werden kann, als auch „abendfüllende“ Spielfilme, wie der 1998 unter der Regie von Rolf Losansky entstandene Märchenfilm *Hans im Glück*, der die Grundstruktur des Originals als Gerüst zwar beibehält, es allerdings – zumindest teilweise – recht ansprechend ausschmückt. Problematisch ist, daß der Film kein so breites Interpretationsspektrum zuläßt wie der Märchentext. Hier wird der Titel *Hans im Glück* wörtlich genommen und der Betrachter immer wieder auf eine Aussage zurückverwiesen, die die Mutter ihrem Hans mit auf den Weg gegeben hat: „Nutz' den Augenblick, dann hast du immer Glück!"

Warum die Geschichte Kindern gut gefallen wird? Weil es sie stark und überlegen macht, Hansens Naivität und Beschränktheit zu durchschauen, weil sie der Kontrast zwischen seinen materiellen Verlusten und den ungebrochenen Glücksgefühlen amüsiert und weil sie ihre Freude daran haben, zu erfahren, daß Minus-Geschäfte und nachteiliges Tauschen auch Erwachsenen passieren können. Formal gesehen dürften bei Schülern etwa ab der dritten Klasse keine größeren Verständnisprobleme auftreten. Die Geschichte ist kettenartig angelegt, hat einen linearen Aufbau, d.h. die Handlung besteht aus chronologisch aneinandergereihten Begebenheiten. Sie beschreibt einen Kreisbogen: Am Ende kehrt Hans an den Ausgangspunkt zurück. Dazwischen liegen eine Reihe kurioser Tauschgeschäfte, die in ein fragwürdiges Happy-End münden.

Zur unterrichtlichen Umsetzung

Die nachfolgend skizzierte Unterrichtsdarstellung basiert auf einem Dreierschritt: Die Schüler sollen zunächst mit dem Märchen bekannt gemacht werden und sich auf den Text konzentrieren (Textaufnahme); sie sollen sich dann vertieft mit ihm beschäftigen, sich gedanklich mit ihm auseinandersetzen (Textverarbeitung); und sie sollen das Märchen schließlich zum Anlaß nehmen, schreibkreativ zu reagieren (Textproduktion).

1. Unterrichtssequenz: Lesen

Es gibt verschiedene Einstiegsvarianten, um die Schüler neugierig und bereit zu machen, sich auf dieses Märchen einzulassen:

- Phantasiereise ins Märchenland: In meditativer Form wird eine Märchenatmosphäre aufgebaut durch Verdunkeln des Raumes, einführende Worte des Lehrers, Vorstellen von Märchenutensilien, Einspielen passender Hintergrundmusik ...
- Vorlesen einiger (fingierter) „Briefe aus dem Märchenland" und Erraten, um welche Märchenfigur es sich jeweils handelt (vgl. Sahr 1995, S. 14f.) – zuletzt den Brief des Glückshans:

> *Liebe Schüler,*
>
> *schöne Grüße aus Glücksburg! Das Ferienlager hier ist toll. Gestern habe ich einen Jungen kennengelernt, der sein Fahrrad gegen mein Moped getauscht hat. Jetzt muß ich kein Benzin mehr kaufen und kann mir 'ne Menge Geld sparen.*
>
> *Alles Gute Euer ???*

- Anknüpfen an das Vorwissen: Manchen Kindern ist das *Hans-im-Glück*-Märchen bereits von zu Hause, aus dem Kindergarten oder den ersten beiden Schuljahren bekannt; vielleicht kann man an den „Mimi-Lesemaus"-Satz: „Wenn ich *Hans im Glück* wäre, dann würde ich ..." oder an ein *Hans-im-Glück*-Lied erinnern.
- Schattenriß-Darstellung am Tageslichtprojektor: Mit Tierfiguren aus Holz oder entsprechenden Scherenschnitten werden vom Lehrer die törichten Tauschakte des Hans kommentarlos dargestellt.

Die Textaufnahme kann auditiv (Erzählen oder Vorlesen des Lehrers bzw. lautes gemeinsames Lesen), visuell (stilles Erlesen und Bildbetrachten) oder auch im Wechsel, also über Auge und Ohr zugleich, erfolgen.

Die Textbegegnung erfolgt in zwei Abschnitten:

1. Textabschnitt: Die ersten drei Handelsgeschäfte

Dabei werden die Tauschstationen „Gold – Pferd – Kuh" entwickelt, wobei jeweils die Tauschpartner („Wem begegnet Hans?"), das Handelsgeschäft („Was tauscht Hans ein?") und die Überlegung des Hans („Was denkt oder sagt Hans dabei?") im Text nachgelesen und an der Tafel dreispaltig mit Bildern und Worten festgehalten werden.

Nach der Textpassage „Hans im Wirtshaus" bietet sich eine Zäsur an; es stellt sich die klassische Frage: „Wie wird es wohl weiter- und ausgehen?"

2. Textabschnitt: Ein gutes Ende?

Tafelbild

Ähnlich wie oben wird die Arbeit an der Tafel fortgesetzt und die Fragen des Lehrers „Warum findet Hans den Tausch: 'Kuh – Schwein', 'Schwein – Gans' und 'Gans – Wetzstein' in Ordnung?" unter Verwendung des Märchentextes mit passenden „Weil-Sätzen" beantwortet; damit ist ein textnahes Lesen gewährleistet.

Die Idee, dazu nacheinander mehrere „Sprechblasen" mit comicartig verkürzten Sätzen zu füllen, wird von den Kindern gerne aufgegriffen. Anschließend daran kann versucht werden, den Glückshans zu charakterisieren.

Die Erkenntnis stellt sich ein: Für Hans waren es am Ende gute Tauschgeschäfte – wir sind uns da nicht so sicher!

Wichtige Arbeitsergebnisse werden mit Hilfe eines Arbeitsblattes gesichert.

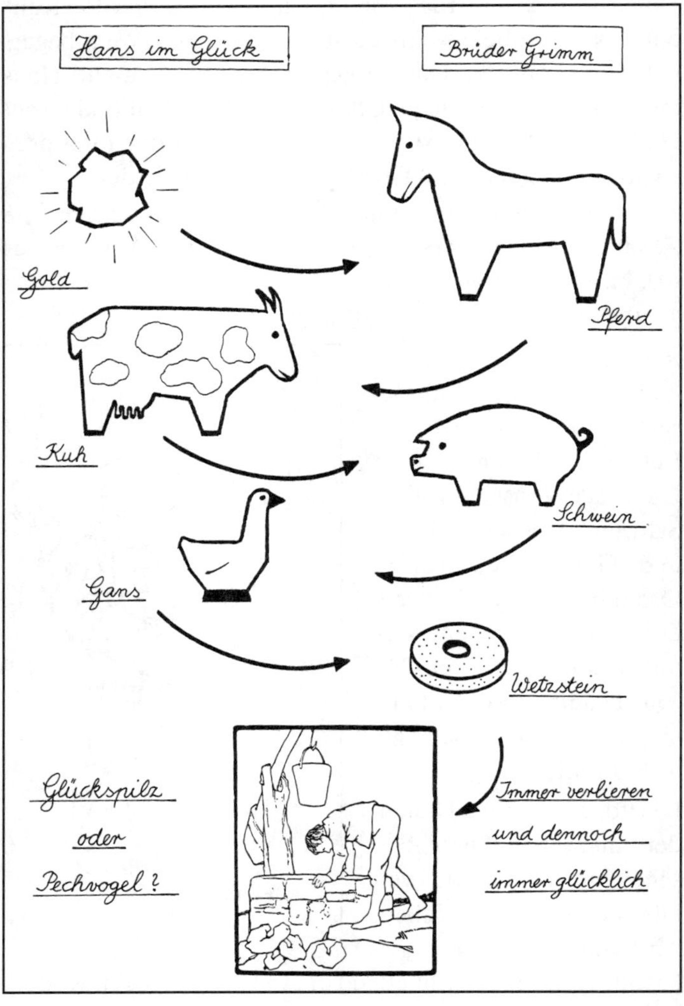

Arbeitsblatt (ausgefüllt)

2. Unterrichtssequenz: Sprechen

Zu Beginn dieser zweiten Phase, innerhalb der die Kinder sich vertieft mit dem Märchen auseinandersetzen sollen, ist eine Rekapitulation nötig; dies kann über einige Farbfolien oder (selbsthergestellte) Dias aus einem Bilderbuch (etwa das mit den zartfarbigen und heiteren Illustrationen von Loek Koopmans) oder über Bild-Text-Zuordnungen geschehen.

Gesprächsschwerpunkte können sein:

- Hinterfragen des Titels: „Sollte er vielleicht ganz anders gemeint sein?“ Möglicherweise finden die Kinder, daß eine Überschrift wie „Hans im Pech“ oder „Der dumme Hans“ passender wäre.
- Aussprache über die Frage: „Glückpilz oder Pechvogel?“ – „Weiser oder Narr?“ – „Dummling oder Lebenskünstler?“ Die Meinungen der Kinder könnten symbolhaft in eine an die Tafel gezeichnete Waagschale unter „Glück“ oder „Pech“ eingeordnet werden.
- „Cluster“ zum Begriff „Glück“: Die Kinder bekommen eine Karte, auf der in der Mitte groß und umrahmt „Glück“ steht; sie schreiben zu den „Strahlen“, die davon ausgehen, Wörter, die ihnen einfallen; danach beginnen sie, eine „Glücksgeschichte“ zu erfinden.
- Ein „philosophisches Gespräch“ über das Thema „Was ist Glück?“: Hans-Ludwig Freese (1989, S. 97ff.), der mit Kindern derartige Gedankenspiele durchgeführt hat und darüber berichtet, kommt zu dem Schluß, daß speziell über das Märchen *Hans im Glück* „in einer so zentralen Lebensfrage wie der nach dem persönlichen Glück den Kindern ein Stück Ichfindung und gedanklicher Lebensbewältigung“ gelingen kann.
- Szenisches Inszenieren einer ausgewählten Passage: etwa die Szene im Wirtshaus (weil Hans vor den Gästen von sei-

nen bisher getätigten Tauschgeschäften erzählen könnte) oder die mit dem Scherenschleifer (weil sie ausbaufähig ist).

- Ein literarischer Vergleich: Es könnte die Gelegenheit genutzt werden, in einfacher Form Andersens Kunstmärchen *Was Vater tut, ist immer richtig* dem Grimmschen Volksmärchen *Hans im Glück* gegenüberzustellen. (Beide machen schlechte Tauschgeschäfte; beide sind am Ende glücklich; der Bauer bei Andersen ist durch eine gewonnene Wette reich, Hans dagegen arm geworden …; vgl. dazu Sahr 1999, S. 87ff.)
- Vorführen des Spielfilms *Hans im Glück*: Dies sollte zu einer Art Kinoerlebnis werden mit Basteln und „Verkaufen" von Eintrittskarten, Gestalten eines Filmplakats, Einrichten eines kleinen „Kiosks" mit Knabbersachen für die Kinder, Anordnen der Stühle im Halbkreis, Abdunkeln des Raumes …; vgl. Sahr 1997, S. 38ff.)

3. Unterrichtssequenz: Schreiben

Die moderne Forderung aufgreifend, Textrezeption mit Textreflexion und Textproduktion zu verbinden, wird in dieser dritten Phase das Märchen zum „literarischen Schreibanlaß" genommen. Dabei bieten sich folgende (vom Einfacheren zum Schwierigeren angeordnete) Alternativen an:

- ein eigenes Bilderbuch gestalten (den Märcheninhalt auf das Wesentliche reduzieren und verschiedene Bilder dazu malen; vgl. Payrhuber 1983)

Der Goldklumpen wird Hans zu schwer, seine Füße tun ihm weh. Er tauscht das Gold gegen ein Pferd.

Hans kann auf dem Pferd nicht reiten. Er tauscht es gegen eine Kuh und freut sich auf die Milch.

Hans kann die Kuh nicht melken. Er tauscht sie gegen ein Schwein. Das gibt gute Würste, denkt er.

- die Erzählperspektive wechseln (etwa aus der Sicht der Mutter berichten)
- Gewinn-Geschichten schreiben (ausgehend von der Position eines der Tauschpartner)
- Fortsetzungen erfinden („Wie es mit Hans weitergeht!")
- andere Schlüsse ausdenken (Die Mutter von Hans wird immer ungnädiger, je weiter dessen Bericht über seine Tauscherfolge fortschreitet, am Ende droht sie ihm Prügel an, jagt ihn davon ...)
- das Märchen in die heutige Zeit versetzen (z.B. einen Zeitungsartikel unter der Überschrift „Gescheiterter Lotto-Millionär" verfassen oder die Verlustgeschäfte mit modernen Requisiten beschreiben: „Luxuslimousine – Motorrad – Moped – Fahrrad – Wanderstiefel"; vgl. die *Hans-im-Glück*-Version von Irmela Brender)
- ein Konzept für ein Hörspiel oder ein Theaterstück entwerfen

Man könnte auch eine *alternative Vorgehensweise* wählen, indem man

- für den ersten Unterrichtsabschnitt die Rezeption und Erschließung des Märchens plant (Hinführen zum Märchen und Lesen des Textes in verschiedenen Formen, Sichern des Inhalts mit Hilfe eines Arbeitsblattes, Sprechen über die Märchen-Botschaft, Vergleichen mit dem verwandten Andersen-Märchen ...)
- im zweiten Unterrichtsabschnitt arbeitsteilig vorgeht (zwei, drei Gruppen schreiben Texte zum Märchen, eine andere Gruppe malt eine Bildreihe, wieder andere üben Sing- und Spielszenen ein oder gestalten ein Poster über die Tauschgeschäfte bzw. ein Cluster zum Thema „Glück" ...)
- und in einem dritten Unterrichtsabschnitt die Arbeitsvereinigung vornimmt (die einzelnen Gruppen stellen einan-

der ihre Ergebnisse vor, lesen die selbstverfaßten Texte zum Märchen vor, erläutern ihre selbstgemalten Bilder, führen ihre Spielszenen vor, kommentieren ihr Poster ...).

Das Lied vom Hans im Glück von Hans Poser

2. Kommt ein Reitersmann daher,
Hans, den drückt das Gold so schwer,
darum gibt er für das Pferd
seinen großen Klumpen Gold ...

3. Kommt ein Bauer mit'ner Kuh,
tauscht sie ein in guter Ruh,
und der Hans, der gibt das Pferd
und das Pferd, das war ihm wert,
einen großen Klumpen Gold ...

4. Kommt ein Bauer mit'nem Schwein,
Hans, der deckt: ach wär es mein!
Darum gibt er seine Kuh,
die er kriegte für das Pferd,
und das Pferd, das war ihm wert,
einen großen Klumpen Gold ...

5. Kommt ein Bauer mit'ner Gans.
Hätt' ich die, denkt unser Hans!
Und er gibt dafür das Schwein,
das er kriegte für die Kuh,
die er kriegte für das Pferd,
und das Pferd, das war ihm wert,
einen großen Klumpen Gold …

6. Scherenschleifer kommt daher,
denkt der Hans: Wie gut hat's der!
Und für einen Schleifestein
gibt er her sein Gänselein,
das er kriegte für das Schwein,
das er kriegte für die Kuh,
die er kriegte für das Pferd,
und das Pferd, das war ihm wert,
einen großen Klumpen Gold …

6. Hans, den drückt der schwere Stein,
wirft ihn in den Bach hinein,
seine Freude, die ist groß;
denn nun ist er alles los,
seinen schweren Schleifenstein
und das fette Gänselein,
und das große, dicke Schwein,
und die schöne bunte Kuh,
und das Pferd auch noch dazu
und den großen Klumpen Gold:
sagt, was ihr wollt.
er ist ein reicher, ein glücklicher Hans,
er ist ein reicher, ein glücklicher Hans!

Der Tod und das Mädchen

Kunstmärchen: „Das kleine Mädchen mit den Schwefelhölzern" von Hans Christian Andersen

Es gibt Märchen, die man nie vergißt! *Das kleine Mädchen mit den Schwefelhölzern*, das am Silvesterabend von aller Welt verlassen im Schnee erfriert, weil niemand ihm ein Bündel Streichhölzer abkauft, ist eines davon. Als Hans Christian Andersen 1845 diese Geschichte schrieb, stellten Schwefelhölzer ein hochmodernes und absolut ungewöhnliches Märchenrequisit dar. Diese Holzstäbchen mit ihren markanten, an allen rauhen Flächen (z.B. an einer Hauswand wie im Andersen-Märchen) entflammbaren Zündköpfchen waren erst seit wenigen Jahren im Handel. Andersen, der bekanntlich ein Bewunderer technischer Neuerungen war, hat sie sogleich in einem Wintermärchen beschrieben und verarbeitet.

Außergewöhnlich war auch die Entstehungsgeschichte dieses so anrührenden Märchens. Andersen – er befand sich gerade auf dem Schloß des Herzogs Christian August von Augustenburg – berichtet darüber in seiner Autobiographie *Meines Lebens Märchen* (1989, S. 404):

„Draußen war es schön und herrlich drinnen. Und gerade hier im festlichen und fürstlichen Überfluß entstand eines meiner Märchen, das Mangel und Not schildert: *Das kleine Mädchen mit den Schwefelhölzern*. Der Herausgeber eines dänischen Volkskalenders sandte mir drei verschiedene Holzschnitte und bat mich, zu einem der Bilder eine kleine Geschichte zu schreiben. Ich wählte das Bild mit dem armen kleinen Mädchen, das mit Schwefelhölzern in der Schürze an einer Ecke niederkauert (!) und ein Bund feilbietend in der Hand hält."

Es handelte sich also um eine Auftragsarbeit, und es war das einzige Mal, daß Andersen sich von einer vorliegenden

Illustration zu einem Märchen inspirieren ließ (vgl. Oxenvad 1997, S. 98).

Holzschnitt v. J. T. Lundbye

Was Andersen erzählt und wie es sich deuten läßt

Auf den Punkt gebracht geht es um ein armes, kleines Bettelmädchen von auffallendem Reiz („ihr langes, blondes Haar, das sich so hübsch im Nacken lockte“), das in der letzten Nacht des Jahres, als alle Welt feiert, mitten in der Stadt beim Anzünden der ihm anvertrauten Streichhölzer in ekstatische Entrückung gerät, eine Art „Himmelfahrt“ erlebt – und erfriert („sie flogen in Glanz und Freude dahin, ganz hoch, ganz hoch; und da gab es keine Kälte, keinen Hunger, keine Angst ...“). Es bezieht sich auf das in der Romantik gern verwendete Motiv vom Hinweggerafft-Werden weit vor seiner Zeit – hier in der Variante des Sterbens eines Kindes. Dieses Thema lag Andersen offenbar und hatte sich schon einmal bewährt. Eines seiner ersten und auf Anhieb höchst erfolgreichen Gedichte *Das sterbende Kind* hatte ihm frühzeitig eine gewisse Berühmtheit verschafft.

Wie fast immer verarbeitet Andersen auch hier eigene Kindheitserlebnisse. Er ist in Odense, seinem Geburtsort, in großer Armut aufgewachsen, besuchte die Armenschule der Stadt, und seine Mutter ist wohl als Kind selbst hungernd und bettelnd durch die Straßen gezogen, woran er sich beim Schreiben dieses Märchens erinnerte – ebenso an seine Großmutter väterlicherseits, die sich um das Kind Hans Christian sehr liebevoll gekümmert hat und im Märchen zu einer Art Sehnsuchtsfigur wird.

Die uralte, teils heidnische, teils christliche Daseinsmetapher vom Weg aus der Finsternis zum Licht und die damit verbundene Erlösung aus dem irdischen Jammer im Augenblick des Todes, „die Verknüpfung der Elendsdarstellung mit dem tröstlichen Blick ins Himmelreich“ (Detering 1996, S. 754), ist ein in vielen Nuancen auftretendes, zentrales Thema Andersens.

Die „Botschaft“ des Märchens kann verschieden gedeutet werden. Nach Johan de Mylius (1999, S. 104f.) gibt es zwei Lesarten: In den kommunistischen Ländern wird dieses Märchen als „Beispiel für Andersens soziales Gewissen und sein Engagement für das Proletariat gewertet“, obgleich das Ende – ideologisch gesehen – inakzeptabel erscheint. Anders in der westlichen Welt; hier wird der Geschichte vielfach der Vorwurf des Vertröstens gemacht und sie als „ein sentimentaler Versuch“ betrachtet, „tatsächlich vorhandenes Elend mit Hilfe einer aufgesetzten Pseudoreligiosität zu verklären.“

Besonders heftig fällt Uwe Ebels Kritik diesbezüglich aus. Er ist der Meinung, daß diese Geschichte, die Mitleid erwecken will, den Leser nicht entschieden genug auf das gesellschaftliche Problem an sich verweist, weil das Mädchen bedauerlicherweise ja durch den „Ausfall“ der Mutter und durch einen „Rabenvater“ in seine entsetzliche Lage gebracht wird. „Indem … böswillige Eltern für die Misere des Kindes verantwortlich gemacht werden, wird von der allgemeinen Misere … abgelenkt“ (Ebel 1994, S. 192). In der Tat ist der Schluß dieses Märchens beschwichtigend. Zwar kann ihm eine Mißbilligung gesellschaftlicher Zustände nicht gänzlich abgesprochen werden („Was ist das für eine Gesellschaft, in der die einen im Mollig-Warmen sitzen und sich genüßlich den Bauch vollschlagen, während zur gleichen Zeit die anderen elend erfrieren und verhungern?"), sie reduziert sich doch erheblich durch den Verweis auf die individuelle Schuld, die diesem Schicksal zugrunde liegt („Schuld ist das zerrüttete, mutterlose Elternhaus, mit einem Vater, der sein Kind an einem solchen Abend zum Betteln auf die Straße schickt und es schlägt, wenn es ohne Geld nach Hause zurückzukehren wagt!")

So berechtigt diese Kritik auch sein mag, sie kann weder das starke soziale Engagement Andersens, mit welchem er hier zu Werke geht, überdecken, noch die Eindringlichkeit, ja Wucht seiner Anklage, die er – weniger informativ, eher gefühlsbetont – zum Ausdruck bringt. Man spürt, mit welch starker Anteilnahme und mit welcher Einfühlungskraft Andersen dieses Märchen erzählt, und es wird einem beim Lesen schwer ums Herz. Die Wirkung, die diese Geschichte hervorruft, ist nicht zu unterschätzen. Johan de Mylius (1999, S. 104f.) ist überzeugt davon, „daß das Märchen zur Sensibilisierung gegenüber sozialer Not und Gefühllosigkeit beitragen kann."

Auffällig ist dabei, daß ein direkter moralischer Appell – etwa in der Form einer Sentenz „Helft den Armen!", „Seid barmherzig!" oder „Du tust Gutes, wenn du gibst!" – unterbleibt. Ein solcher Aufruf zur Wohltätigkeit hätte ja nahegelegen, in Anbetracht des die Geschichte auslösenden melancholischen Bildes des Malers J. T. Lundbye. Glücklicherweise läßt Andersen dieses Klischee vollkommen außer acht und schreibt statt dessen ein Märchen von hoher ästhetischer Qualität, „eine Geschichte, in der Wohlstand und Elend, Wärme und Kälte, Licht und Schatten in hartem

Kontrast stehen“ (Mylius 1999, S. 104f.). Und er führt sie – die Vorstellungen von einem märchentypischen versöhnlichen Schluß bewußt unterlaufend – bis zum bitteren Ende aus, bis zum Tod, der jedoch nicht beängstigend, sondern eher selbstbeschwichtigend und geradezu verklärt erscheint. Nicht das irdische Glück wird dem Mädchen zuteil, wohl aber Unsterblichkeit („... sie waren bei Gott!“).

Die Abfolge der Illusionserlebnisse, die dem Mädchen inmitten des Dunkels ein wenig Trost und „Erleuchtung“ geben, ist ebenso sinnvoll wie einfühlsam gewählt:

- vom ersten Versuch, der dem Mädchen über die Erscheinung des Feuers im großen, eisernen Ofen Wärme vermittelt,
- zum zweiten und dritten Versuch, die ihm über die Bilder der gebratenen Gans bzw. des prächtig geschmückten Weihnachtsbaums körperliche und seelische „Sättigung“ bringen,
- bis zum vierten Versuch, der mit der Erscheinung der geliebten Großmutter und dem Aufstieg in deren Armen zum Himmel Frieden und Erlösung verheißt.

Diese Visionen folgen einer einfachen Logik: Wer hungert und friert, denkt an einen wärmenden Ofen und an gutes Essen, erst wer weder friert noch hungert, träumt von innerseelischer Befriedigung.

Die letzten Worte des Mädchens („Großmutter! Oh, nimm mich mit! Ich weiß, du bist fort, wenn das Schwefelholz ausgeht; fort, genauso wie der warme Ofen, der wunderbare Gänsebraten und der große, herrliche Weihnachtsbaum!“) beziehen „ihre ganz besondere existentielle Spannung aus der Tatsache, daß das Mädchen sehr wohl weiß, daß die Großmutter nicht da ist – und sie dennoch darum bittet, sie mitzunehmen.“ (Mylius 1999, S. 105)

Der großartige Schlußabschnitt des Märchens, in dem Andersen zunächst alles zurückzunehmen scheint und den Leser in die unerbittliche Wirklichkeit zurückführt, macht den besonderen Reiz des Märchens aus, macht seine „Klasse" vollkommen. Am Neujahrsmorgen entdecken einige Menschen aus der Stadt das Mädchen, tot in der Hausecke. Was es „Schönes gesehen hatte, in welchem Glanz" es gestorben ist, davon haben sie nicht die blasseste Ahnung. Sie meinen, es hätte sich mit den Schwefelhölzern, die abgebrannt am Boden herumliegen, wohl nur wärmen wollen. Um wieviel mehr es eigentlich ging – nämlich darum, „daß der Tod zwar das Leibliche, nicht jedoch das Ich mit seinen verschiedenen Seelenkräften vernichten kann, die, befreit von irdischer Last, zu neuen Möglichkeiten führen" – übersteigt das gewöhnliche Vorstellungsvermögen der Umstehenden! (Stiasny 1996, S. 171)

Andersen geht es weit mehr als um einen bloßen Appell zu weihnachtlicher Gebefreudigkeit gegenüber Bedürftigen. Aus allgemein-moralischer Sicht betrachtet, prangert er das Aneinander-vorbei-Leben und Nichts-voneinander-Wissen der Menschen an; so gelesen, wird man die gleichgültigen und abweisenden Reaktionen der Umwelt einem hilfsbedürftigen Kind gegenüber als ausgesprochen gewissenlos empfinden. Wer das Märchen dagegen ausschließlich religiös deutet, wird sich daran stoßen, daß Andersen das Sterben eines Kindes „als göttliche Fügung" beschreibt: „Nach einer letzten Steigerung des großen Elends, in dem das Mädchen leben muß, ist der Tod die Erlösung von den Qualen des irdischen Lebens" (Daubenbüchel 1982). Damit erhält das Märchen einen ganz anderen Akzent: der Tod des Mädchens als hinzunehmendes, gottgegebenes Schicksal und nicht als Ereignis, das von Menschen hätte beeinflußt bzw. verhindert werden können. Daß dies einer interpretatorischen Verkürzung gleichkommt, daran sollte kein Zweifel bleiben.

Wie Andersen erzählt und was bei medialen Adaptionen geschieht

Andersen läßt – wie so oft in seinen Märchen (etwa im *Standhaften Zinnsoldaten*, der *Kleinen Seejungfrau* oder der *Geschichte einer Mutter*) – auch hier einen tragischen Ausgang zu. Die Frage, ob dies die Kinder seelisch allzu sehr belasten wird, muß verneint werden. Zum einen wird der traurige Schluß „in unvergleichlich poetischer Weise verklärt", so daß er keine größeren „Erschütterungen" bei Kindern hinterlassen wird, zum andern wird mit ihm propädeutisch ein Element eingeführt, das ihnen später im Roman, im Drama und in der Lyrik immer wieder begegnen wird (Hürlimann 1963, S. 116). Nicht grundlos findet man gerade dieses Märchen immer wieder auch in modernen Lesebüchern abgedruckt (z. B Bausteine Deutsch, 4. Jahrgangsstufe).

Überhaupt sind neben den oben geschilderten pädagogischen Funktionen die literarästhetischen mindestens gleichgewichtig an die Seite zu stellen. Dazu gehören die bereits angesprochene Kontrasttechnik ebenso wie der Aufbau der Märchens mit seinem zum Höhepunkt sich steigernden Spannungsbogen, die stimmungsvolle Sprache, die nach dem lauten Vorlesen geradezu „schreit" (Nielsen 1980, S. 154) und die Einhaltung einer „Kinderperspektive" (Hurrelmann 1995, S. 386f.), die – zumal bei Mädchen – eine Identifikation mit der Hauptfigur zuläßt, wenigstens aber empathische Gefühle auslöst.

Eine strukturelle Festlegung dieses Textes ist nur schwer möglich. Keine der üblichen literarischen Gattungsbezeichnungen wie „Märchen", „Idylle", „Legende", „Allegorie", „Parabel" oder „Erzählung" kann sie völlig einschließen, und auch der Gruppierungsversuch, den Walter A. Berendsohn (1973, S. 47f.) bei Andersen-Märchen vorgenommen hat, bringt nicht weiter. Mindestens drei der dort genannten Kriterien treffen auf diesen Text zu: Er spielt – zumindest andeutungsweise – nach dem Tode im Jenseits, das Hauptereignis wird im Traum erlebt oder in einem anderen gesteigerten Gemütszustand und es wird eine ganz und gar realistische, keine phantastische Geschichte erzählt.

Um ein höheres Maß an Wirklichkeitsnähe zu erreichen, hat Andersen bekanntlich seine späteren Märchen gerne als „Geschichten" bezeichnet. Der Grund dazu wurde vermutlich schon hier gelegt.

Andersen-Märchen sind heutzutage nicht nur in der Originalform, sondern auch in mehr oder minder stark veränderten Druckfassungen, als Hörspiele und Filmversionen bekannt – allein zum *Kleinen Mädchen mit den Schwefelhölzern* gibt es mindestens sechs Verfilmungen. Einerseits ist die Kritik an den medialen Märchenadaptionen, besonders an den Verfilmungen, groß, weil sie in der Mehrzahl der Fälle doch erheblich von der literarischen Vorlage abweichen, nur einen vagen Eindruck vom Inhalt und von der Poesie des Originals vermitteln, also sehr kritikbedürftige Lösungen darstellen. Andererseits kann man Märchenfilme als neue Variante gegenüber der Tradition des Märchenerzählens nicht einfach ignorieren, u. a. deswegen nicht, weil für viele unserer Kinder über sie – wie an anderer Stelle ausgeführt – die Erstbegegnung mit einem Märchen erfolgt und sie somit für einen hohen Bekanntheitsgrad der Stoffe sorgen.

Im folgenden seien ein thematisch verwandtes sowie ein verändertes Märchen und anschließend zwei der obenerwähnten Märchenverfilmungen vorgestellt und kurz analysiert.

Auf die Wesensverwandtschaft zum Grimmschen Volksmärchen *Die Sterntaler* hat Kurt Stiasny (1996, S. 167 ff.) aufmerksam gemacht, bei dem – im Gegensatz zum *Mädchen mit den Schwefelhölzern*, das die „ganze Verlassenheit und Leere durchleben und sterben" muß – ebenfalls ein armes, verlassenes, kleines Mädchen im Vertrauen auf Gott hinausgeht, alles, was es noch hat, verschenkt und für seine Nächstenliebe irdischen und himmlischen Lohn empfängt („Und wie es so stand und gar nichts mehr hatte, fielen auf einmal die Sterne vom Himmel, und waren lauter harte blanke Taler ...“). „Das Volksmärchen verbindet bruchlos Diesseits und Jenseits“. Andersen dagegen konfrontiert „seine Gestalten und Leser rigoros mit den Realitäten, findet aber immer noch Wege nach oben“, hier auf Grund einer „rettenden Vision, die verwandelt und befreit.“

Eine Neufassung des Märchens vom *Kleinen Mädchen mit den Schwefelhölzern* hat Elisabeth Borchers vorgelegt. Mit (in doppeltem Sinne) phantastischen, den Rahmen sprengenden Bildern von Friedrich Hechelmann üppig ausgestaltet, kam es unter dem Titel *Ein Weihnachtstraum* 1984 auf den Buchmarkt und wurde noch im gleichen Jahr an den Weihnachtsfeiertagen als Fernsehfilm ausgestrahlt.

Die Geschichte folgt weitgehend den Motiven des Andersen-Märchens: „Eine alte Frau nimmt ein Findelkind auf, das glücklich in der heilen Welt auf dem Lande aufwächst. Plötzlich stirbt die ‘Großmutter’. Das Mädchen eilt verzweifelt durch die Stadt. Es ist Weihnachten. Unbeachtet von den Menschen flüchtet sich das Kind in phantastische Traumbilder, in denen Wünsche und Ängste, Vergangenheit und Zukunft ineinanderströmen.“ (Klappentext)

Es handelt sich um einen hochpoetischen Text, der die literarische Vorlage teils verdichtet, teils erweitert und dem es – gestützt auf die stupende Virtuosität der von Hechelmann gemalten Phantasiewelten mit traumhaften Blumengärten, tosenden Wasserfällen und bizarren Stadtlandschaften – hervorragend gelingt, sowohl das innige Verhältnis des Mädchens Marie zu ihrer Oma und die Geborgenheit bei ihr zum Ausdruck zu bringen als auch die Einsamkeit des Kindes in der Stadt und seine dunkle Ahnung vom Tod. Besonders deutlich wird seine Verlorenheit an der Stelle, an der das kleine, zierlich und fast unscheinbar dargestellte Mädchen sich vor dem riesigen Mauerwerk der Kirche frierend in einer Nische niederkauert. Zweimal erscheint der Satz „In der Kirche sangen die Leute ein Lied", wodurch das Mädchen jedes Mal aus seinen Träumen gerissen und in die bittere Wirklichkeit zurückgeholt wird. Die Autorin verbindet diesen Satz mit dem Erlöschen des Schwefelhölzchens, ehe Marie nach erneutem Anzünden eines weiteren Hölzchens aufs neue in eine Traumwelt flieht. Nur leicht verändert taucht der Satz beim Tod des Mädchens, beim Emporsteigen über eine lange Treppe an der Hand der Großmutter in den Himmel, noch einmal auf: „In der Kirche sprachen die Leute ein Gebet." Während zuvor der Gesang der Menschen Marie in ihren Traum begleitet hatte, verstummt er bei ihrem Sterben und wird zu einem „gesprochenen" Gebet. Mit den letzten Zeilen spricht Elisabeth Borchers ihre Leser unmittelbar an und versucht sie, in die Wirklichkeit wieder zurückzuholen: „Maries Puppe aber wird wohl am Morgen des Christtages ein Kind gefunden haben. Und wenn Du einmal einer Puppe begegnest, die so aussieht wie die von Marie, so frag sie doch, ob sie es auch wirklich ist." Warum auf dem dazugehörigen Schlußbild die Puppe allein, ohne die tote Marie, zu sehen ist, ist nicht recht einsehbar und steht – beabsichtigt oder nicht – in einem gewissen Widerspruch zu dieser Textabsicht.

Nun einige Anmerkungen zum Puppentrickfilm von 1981, der erfahrungsgemäß sehr gerne in Grundschulklassen gezeigt wird und problemlos über Bildstellen ausgeliehen werden kann.

Der Regisseur Bill Walker hat es weitgehend verstanden, in seinem 18-minütigen Film den ursprünglichen Inhalt des Märchens wiederzugeben. Nur einige nebensächliche Details sind verändert worden, so z. B. wird aus der Gans im Märchen im Film gleich ein Festmahl und statt eines Jungen

Titelbild: *Ein Weihnachtstraum*

trägt ein Hund den Holzschuh des Mädchens davon. Weniger gelungen ist dagegen sein Versuch, die einzigartige Atmosphäre von Andersens Märchen einzufangen.

Dadurch, daß er über das Märchen hinaus und abweichend von ihm „die gleichgültigen und abweisenden Reaktionen der Umwelt dem hilfsbedürftigen Kind gegenüber“ nachdrücklich heraushebt, wird dem Film zwar ein zusätzlicher sozialer und politischer Akzent „im Hinblick auf aktuelle Lebenssituationen“ der jungen Zuschauer gegeben (Daubenbüchel 1982), gleichzeitig aber erhält er auf Grund der hier gezeigten Überdosierung ein Zuviel der Rührseligkeit. Im ersten Filmteil reiht sich Szene an Szene, wo all jene angeklagt werden, die es versäumt haben, das Elend des Mädchens durch tätige Hilfe zu mindern. Als „das arme kleine Ding“ dann stirbt, wird ihre Kaltherzigkeit und ihre Schuld am Tode des Kindes offenkundig, aber auch ihr oberflächliches Mitleid („das arme Ding“) und ihre Ahnungslosigkeit.

(„Niemand wußte, was es Schönes gesehen hatte, ... in welchem Glanz es mit der Großmutter eingezogen ist in die Herrlichkeiten des Neuen Jahrs.“)

Die knapp fünfminütige französische Zeichentrickversion aus dem Jahre 1995 geht einen anderen Weg. Zunächst einmal sind inhaltlich erhebliche Unterschiede zur Textvorlage festzustellen. Zum kleinen Mädchen, das durch eine weihnachtlich geschmückte Stadt geht, um vergeblich ihre Schwefelhölzer zu verkaufen, gesellt sich ein Geiger als zweite Hauptfigur. Er spielt in einem Nobelrestaurant immerzu die falsche, nämlich nur traurige Musik, worüber sich die Gäste beklagen und er auf der Stelle entlassen wird. Völlig mittellos steht er auf der Straße, unfähig dem armen Bettelmädchen nur ein einziges Schwefelholz abzukaufen. In seiner armseligen Dachwohnung öffnet er das Fenster und spielt eine melancholische Geigenmusik in die Nacht hinaus. Die Melodie zieht durch die Gassen und dringt auch an das Ohr des armen Mädchens, das gerade aus seinen Visionen vom festlich gedeckten Tisch und vom geschmückten Christbaum in die rauhe Wirklichkeit zurückgekehrt war. Das Mädchen geht der Musik nach, kommt zum Haus des Geigers, steigt die brüchigen Treppen hoch, tritt durch die offenstehende Tür ins dunkle Zimmer – die Zugluft hatte das Gaslicht gelöscht! – hinein, zündet ein Streichholz an: Eine gewaltige Explosion entlädt sich! Mit bewegenden Worten des Erzählers endet der Film: „Es war Heiligabend. Hoch am Himmel schwebten zwei Seelen in dem weichen, sanften Licht der Ewigkeit. Manchmal geschieht es, daß ein großes Glück aus dem Zusammentreffen zweifacher Traurigkeit geboren wird.“ Im Gegensatz zu Andersen, wo das Mädchen erfriert, ist es hier die Flamme eines Schwefelholzes, die dem Kind den Tod bringt, tragischerweise also gerade etwas, womit es sich zuvor noch die frierenden Finger wärmte und was ihm zu schönsten Träumen verhalf.

Der Film ist von Avril illustriert, und zwar in einem skizzenartigen, gänzlich „antidisneyhaften“ Stil, unter Verwendung lediglich der Farben „blau und rot“ – gerade jener beiden Farben, die auch Andersen im zweiten Abschnitt seines Märchens zur Verdeutlichung der frostigen Umgebung benutzt. Bei der Darstellung des Mädchens dominiert die rote (Käppchen, Schal und Rock, dazu die rotgefrorenen Bäckchen), beim Geiger die blaue Farbe (der lange Mantel). Formal interessant ist die streckenweise Schieflage, in der die Bilder sichtbar werden; durch sie wird eine Welt symbolisiert, die aus den Angeln geraten ist.

Wie man mit dem Märchen im Unterricht umgehen könnte

Die nachfolgend skizzierte Unterrichtseinheit ist für vierte Jahrgangsstufen geplant und zusammen mit Studentinnen erprobt worden. Die Hauptanliegen waren:

- Kennenlernen des Inhalts und einiger formaler Merkmale dieses Kunstmärchens
- Auseinandersetzen mit seiner pädagogisch-existentiellen Botschaft
- Vergleichen mit dem Volksmärchen *Die Sterntaler* und einem Puppentrickfilm
- kreativ-produktives Umgehen mit einem Märchenstoff.

Die didaktische Umsetzung des Märchens erfolgt über mindestens drei Unterrichtssequenzen, die zumeist über eine Doppelstunde reichen. Als Zeitpunkt der Durchführung eignen sich naturgemäß die Tage vor oder nach den Weihnachtsfeiertagen besonders gut.

1. Unterrichtssequenz:
   Kennen- und Verstehenlernen des Originals

Das methodische Prinzip der „originalen Begegnung“ im Sinne Heinrich Roths beachtend, nach dem es für die Motivation der Schüler günstig ist, sie möglichst in die Entstehungs- und Ursprungssituation zu versetzen, bietet sich als Einstieg das Bild von Lundbye an, das den Kindern – mit entsprechenden entstehungsgeschichtlichen Erklärungen – als Folie über den Tageslichtprojektor gezeigt wird.

Noch höher ist die Authentizität, wenn man der Klasse ein versiegeltes Kuvert zuspielt, in dem ein Auftragsbrief („Lieber Herr Andersen!“) und der Holzschnitt von Lundbye enthalten sind. Mit dem Impuls „Was für eine Geschichte fiele *Dir* zu diesem Bild ein?“ lassen sich bereits vor der Textrezeption erste (schreib-)kreative Tätigkeiten der Schüler auslösen.

Die Textbegegnung kann über eine Hörspielkassette oder – besser noch – über einen ausdrucksstarken Lehrervortrag erfolgen. Das hieran anschließende spontane Gespräch geht allmählich in eine gelenkte Aussprache über. Dabei ist zunächst auf eine inhaltliche Abklärung zu achten. Sie wird vier Abschnitte umfassen und kann mit Hilfe einiger Bilderbuchbilder (Friedrich Hechelmann, Lisbeth Zwerger, Svend Otto S., Christa Unzner, Anastassija Archipowa u. a.) und passender Bildunterschriften verdeutlicht werden:

- Kein Glück beim Verkauf der Schwefelhölzer!
- Die Träume des Mädchens (vom warmen Ofen, von der gebratenen Gans, vom Weihnachtsbaum)
- Die Erlösung des Mädchens (durch den Traum von seiner Großmutter)
- Am Neujahrsmorgen

Herauszuarbeiten ist sodann die pädagogische Bedeutung des Märchens, wobei die existentielle (Entwicklung von Mitgefühl und Empathie gegenüber Armen heute, etwa gegenüber Kindern der Dritten Welt) und ästhetische Seite (Kontraste zwischen arm und reich, kalt und warm, dunkel und hell, unten und oben ...) hervorzukehren sind, Moralisierungen aber tunlichst vermieden werden sollen.

Heiner Rothfuchs

Zum besseren Verständnis für die Lage des Mädchens können Eigenschaftswörter, die seine Gefühle beschreiben (aus dem Märchentext oder selbst überlegte), und Sätze, die die Ursache für seine Notlage erklären (wie „Die Menschen hätten sich weniger gleichgültig, dafür hilfsbereiter und mitleidiger zeigen müssen!“), gesucht und ringt um ein entsprechendes Tafelbild geschrieben werden.

Über Fragen wie „Wie hättet Ihr Euch an der Stelle des Mädchens verhalten?“ oder Impulse wie „Das Mädchen muß sehr verängstigt und schüchtern gewesen sein!“ kann über andere, alternative Schlüsse für diese Geschichte nachgedacht werden. Zu diesem Zwecke ließe sich auch gut der französische Zeichentrickfilm einsetzen, der ein Nachdenken über einen veränderten Handlungsverlauf geradezu herausfordert.

Zum Abschluß können von den Kindern Farbbilder zu den Phantasie- und Traumvisionen des Mädchens gemalt werden. Durch entsprechende Musikeinlagen (z.B. Chopins Nocturnes) wird die Atmosphäre entspannt und anregend gehalten.

2. Unterrichtssequenz:
   Vergleichen mit einer Verfilmung und dem
   Sterntaler-Märchen

Als Hinführung und zur Rekapitulation des Märchenverlaufs kann der japanische Puppentrickfilm vorgeführt werden, weil er – wie oben ausgeführt – weitgehend vorlagengetreu inszeniert ist. Für die Schüler ist es immer reizvoll, den Inhalt eines Märchens auch einmal auf einer anderen medialen Ebene kennenzulernen. Ganz spontan werden sich die Kinder über die Unterschiede und Gemeinsamkeiten zwischen Text und Film äußern. Weil es dabei mit Sicherheit zu Unstimmigkeiten kommen wird, ist der Griff zum Textblatt (Beleglesen) eine selbstverständliche Folge.

Im Mittelpunkt steht dann der literarische Vergleich mit dem Volksmärchen *Die Sterntaler*. Die beiden Texte können an der Tafel in zwei Spalten bezüglich

- der Hauptfiguren (Eigenschaften),
- der Eltern und des Zuhauses der Mädchen

- der Aufeinanderfolge der „Ereignisse“ (vier verschenkte Dinge bzw. Traumbilder),
- des Anfangs und Endes
- sowie der Botschaft

gegenübergestellt werden.

Außerdem bietet es sich an, die unterschiedlichen Stimmungsbögen und Situationsverläufe der beiden Mädchen symbolhaft zur Darstellung zu bringen.

Ausklingen kann die Sequenz mit einem produktiven Vorhaben, etwa dem Umsetzen der Geschichte in ein Hörspiel, bei dem im arbeitsteiligen Gruppenunterricht einige der Schüler Teile des Märchens dialogisieren, andere für die musikalische Umrahmung mit Orff-Instrumenten sorgen und wieder andere als „Tontechniker“ tätig sind.

3. Unterrichtssequenz:
   Durchführen einer Andersen-Erzählstunde

Zu Beginn zeigt der Lehrer mit Hilfe des Tageslichtprojektors acht Scherenschnittfiguren, und die Kinder sollen erraten, um welche Andersen-Märchen es sich im einzelnen handelt. In Frage kommen neben dem Schwefelholz-Märchen Bilder zur *Schneekönigin*, zu *Kreisel und Ball*, zu *Des Kaisers neue Kleider*, zur *Nachtigall*, zum *Feuerzeug*, zur *Kleinen Seejungfrau* und zu den *Wilden Schwänen*, die allesamt dem Buch *Was Andersens Märchen erzählen* von Kurt Stiasny entnommen werden können.

Daran schließt sich ein lockeres Gespräch über den dänischen Märchendichter, sein Leben und seine Märchen an, bei dem ein Informationsbuch wie *Dieser Herr Andersen* von Hans Domenego gute Dienste leistet. Zudem können

- Märchen-Bilderbücher und Märchenkassetten mitgebracht und ausgestellt werden,

Andersen-Mobile

- bekannte Andersen-Märchen vorgelesen oder mit eigenen Worten nacherzählt werden,
- ein Märchen-Schatzkästlein mit Rätselgegenständen vorgestellt werden (vgl. Sahr 1999, S. 118f.),
- der Name „Andersen“ nach Art eines Akrostichons gestaltet werden (A = altbekannt, N = namhaft, D = dichterisch, E = einmalig, R = reiselustig, S = schwermütig, E = ehrenwert, N = nachdenklich),
- ein Arbeitsblatt ausgefüllt oder eine Wandzeitung gestaltet werden.

Zum Ausklang wird gemeinsam aus den Scherenschnitten ein Andersen-Mobile gebastelt, um damit einer besonderen Kunstfertigkeit des Märchendichters Ausdruck zu verleihen. Bekanntlich hat Andersen Hunderte von Scherenschnitten geschaffen; unter ihnen finden sich fast alle seine Märchenfiguren wieder.

Hans Christian Andersen:
Das kleine Mädchen mit den Schwefelhölzern

Wir vergleichen:

	Mädchen mit Schwefelhölzern	Die Sterntaler
Autor:	Hans Christian Andersen	Brüder Grimm
Hauptperson:	arm, hungrig, frierend,	arm, mitleidig, gut und
	verzagt, eingeschüchtert	fromm; am Ende reich
Träume bzw.	warmer Ofen	armer Mann: Brot
Gaben:	Gänsebraten	Kind: Mütze
	Weihnachtsbaum	Kind: Leibchen
	Großmutter	Kind: Rock
	Sie waren bei Gott.	Kind: Hemd
Anfang:	Es war entsetzlich kalt ...	Es war einmal ein kleines...
Ende:	Das Mädchen ist erfroren	Das Mädchen war reich
	am letzten Tag des Jahres.	für sein Lebtag.

Das Andersen - Märchen gefällt mir besser, weil es so traurig ausgeht und trotzdem so schön ist.

Arbeitsblatt (ausgefüllt)

Von Froschprinzen und Froschprinzessinnen

Verändertes Märchen: „Der Froschkönig" von Janosch

Zu den bekanntesten Märchenerzählern für Kinder von heute zählt Janosch (d. i. Horst Eckert). Seine 1972 erschienenen Neuerzählungen und Nachdichtungen der Grimmschen Märchen werden von Kindern, aber auch von Erwachsenen gern gelesen. „In vielen Varianten und immer neuen, oft listigen Einfällen verwischt Janosch die Schemata der Grimmschen Märchen, parodiert, ohne in Krampf zu verfallen. Nicht viele Erzähler kämen mit diesen verfestigten Märchen zurecht – Janosch erspürt mit sicherem Instinkt, wo und wie der Volkston Sprache werden kann. Und doch behalten seine Märchen etwas von der zeitlosen 'Wahrheit' der Märchen" (Gelberg 1971, S. 253). Seit dreißig Jahren also gibt es nun schon dieses Buch *Janosch erzählt Grimm's Märchen und zeichnet für Kinder.* Er hat fünfzig bekannte und weniger bekannte Märchen des berühmten Brüderpaars ausgewählt, sie gedreht und gewendet, sie parodiert und variiert, ihre Vorzeichen verändert und ihre Etikettierungen verkehrt, mit der Folge, daß ganz neue Bilder, ganz neue Geschichten entstanden sind, die in ihren besten Augenblikken voller Charme und von verblüffender Komik sind.

Für eine Neuauflage seines Märchenbuches von 1991 wurden einige Texte (nicht jedoch *Der Froschkönig*) z. T. stark überarbeitet. Insgesamt sind sie gefälliger, „versöhnlicher und leiser" geworden (Gelberg; zit. nach Frisé 1992, S. 60). Dazu tragen nicht zuletzt die ganz anderen, nun bunten Bilder bei.

Einzelne dieser Märchen erschienen später – in wiederum „verbesserter" Form – als Bilderbücher, darunter auch *Der Froschkönig* (1984). Diese textlich ausgebaute und dadurch erheblich an Reiz gewonnene Geschichte bildete auch die Grundlage für den gleichnamigen Zeichentrickfilm, der in der Serie *Janoschs Traumstunde* schon mehrfach vom Fernsehen ausgestrahlt wurde und den viele Bildstellen zur Ausleihe bereithalten. Sie steht im Zentrum der folgenden Ausführungen. Zuvor jedoch ist der Blick auf die literarische Vorlage, das *Froschkönig*-Märchen, zu richten, „seit der ersten Ausgabe die Eröffnungserzählung der Grimmschen *Kinder- und Hausmärchen.*" (Röhrich 1987, S. 10)

Das Original

Das Märchen von der ebenso hübschen wie leichtsinnig-naiven Königstochter, die ihre Goldkugel verliert und sie nur deshalb zurückerhält, weil sie dem Frosch verspricht, mit ihm Tisch und Bett zu teilen, die vom Vater bedrängt wird, diese Versprechungen auch einzuhalten, zu guter Letzt aber in einem Ausbruch von Zorn und Ekel den Frosch an die Wand wirft und ihn dadurch zufälligerweise erlöst, dieses Märchen ist unter dem Doppeltitel *Der Froschkönig oder Der eiserne Heinrich* allgemein bekannt.

Es ist die „Nummer eins" unter den Volksmärchen. Warum die Brüder Grimm ihre berühmte Märchensammlung gerade mit *Froschkönig* eröffneten, dafür gab es mehrere Gründe. Drei besonders wichtige sind

- das Alter und die Schönheit des Märchens
  In den Originalanmerkungen zu ihren Märchen schreiben die Brüder Grimm, der *Froschkönig* gehöre „zu den ältesten Märchen in Deutschland" und sei eines der allerschönsten (Grimm 1856, S. 5). Diese hohe Wertschätzung hat sich über anderthalb Jahrhunderte hinweg erhalten. Auch heute zählt es zu den zehn bekanntesten und beliebtesten Märchen der Deutschen; knapp 90 % der erwachsenen Bevölkerung kennen es dem Inhalt nach und vielen von ihnen ist es das liebste Märchen überhaupt (vgl. Ahrens 1985, S. 132f.).

- sein Variantenreichtum
  Von kaum einem anderen Märchen sind so viele Varianten aufgezeichnet worden wie vom *Froschkönig*. In dieser Hinsicht hält es „den absoluten Rekord“ (Röhrich 1987, S. 75). Bereits die Brüder Grimm haben dieses Märchen in verschiedenen Fassungen erzählt (von Auflage zu Auflage ist es von ihnen bearbeitet und umgeschrieben worden; auch gab es in ihrer Sammlung eine weitere Version vom *Froschkönig*, das nahezu unbekannt gebliebene Märchen vom *Froschprinzen*). Darüber hinaus sind in Deutschland 35 weitere Varianten bekannt, und weltweit gibt es eine unübersehbare Fülle ähnlicher Tierbräutigam-Märchen. Nicht zu vergessen sind in diesem Zusammenhang auch die zahllosen literarischen Bearbeitungen, Nachdichtungen und Verfremdungen des Märchens, die vielen Parodien, Witze, Karikaturen und Werbetexte, die sich auf das *Froschkönig*-Thema beziehen (vgl. Röhrich 1987).

- seine Stileigentümlichkeiten
  Der *Froschkönig* ist geradezu ein Paradebeispiel für Grimmschen Märchenstil. Nicht nur Inhalt und Form sind typisch für ein Zaubermärchen (z. B. die Gegensatztechnik: Schönheit der Königstochter – Häßlichkeit des Frosches; die Dreizahl: drei szenische Bilder „Brunnen“, „Schloß“, „Kutsche“; Einsträngigkeit: abgesehen davon, daß die Vorgeschichte mit der Verwandlung des Prinzen dem Leser erst nachträglich bekannt wird, verläuft die Handlung chronologisch; Eindimensionalität: der Frosch unterhält und verhält sich auf die gleiche Weise wie die Menschen; Sublimation: obwohl die erotischen Bezüge des Märchens offenkundig sind, werden alle Anspielungen darauf tunlichst vermieden; guter Schluß: das Märchen bringt für „Held“ und „Heldin“ ein Happy-End), auch die Sprache selbst ist beispielhaft für Märchen (viel wörtliche Rede: häufige Dialoge zwischen den Hand-

lungsträgern; große Anschaulichkeit: die eindrucksvoll geschilderte Steigerung des Abscheus vor dem Frosch; Wortwiederholungen: „tief, so tief“, „warte, warte“, „noch einmal und noch einmal“; Lautmalereien: „plitsch platsch“; eingestreute Verse: „Königstochter, jüngste, mach mir auf“; volkstümliche Wendungen: „Bande, die vom Herzen abspringen“, „daß sich ein Stein erbarmen möchte“; formelhafter Anfang: die berühmten Eingangsworte „In alten Zeiten, wo das Wünschen noch geholfen hat“; Abrundung: Geschichte vom treuen Diener als eine Art Abgesang; vgl. Röhrich 1987, S. 18ff.).

Bei aller Bewunderung über die Bedeutung und die „Klasse“ dieses Märchens darf einem aber der Blick für die Schwächen und Deutungsschwierigkeiten nicht verlorengehen. Sie werden deutlich, wenn man die vier Hauptfiguren des Märchens genauer betrachtet.

Die Rolle der *Königstochter* als Erlöserin des verwunschenen Frosches wird sehr unterschiedlich interpretiert. Einige sprechen ihr die Tugend des Gehorsams zu, für die sie am Ende zu Recht belohnt wird, indem sie einen für sie bestimmten und passenden Lebensgefährten erhält. Sie fügt sich den Geboten ihres Vaters und nimmt den häßlichen Frosch mit in ihr Schlafgemach. Andere heben statt dessen ihren Ungehorsam hervor und machen darauf aufmerksam, daß der Frosch ja keineswegs durch Mitleid, Treue oder gar Liebe erlöst wird, sondern durch Ignorieren der väterlichen Belehrungen und durch offene Empörung. In einem ausgesprochen „unedlen“ Akt purer Wut und Aggressivität schmettert sie den Frosch gegen die Wand. Heinz Rölleke hat in dieser Figur deutliche emanzipatorische Züge entdeckt und schreibt ihr ein für Märchenprinzessinnen gänzlich unkonventionelles Verhalten zu, welches – trotz ihrer Wortbrüchigkeit und Gewalttätigkeit – zuletzt gar noch königlich belohnt wird (vgl. Röhrich 1987, S. 44).

Aber auch in der Figur des *Frosches* wird eine Doppelmoral sichtbar. Auch er handelt ja alles andere als moralisch und gut. Er drängt sich in penetranter Weise der Königstochter auf und geht dabei sehr raffiniert und trickreich vor, indem er die Schwäche des kindlich-verspielten Mädchens schamlos ausnutzt, um ihre Liebe zu erpressen. Freilich, er hat nichts als seine Erlösung im Sinn. Ob ihm deswegen aber alle Mittel recht sein dürfen, ob er sich deshalb über Umgangsregeln und Gebote des Anstands ungeniert hinwegsetzen darf und ob er es wirklich „verdient" hat, in den schönen Königssohn zurückverwandelt zu werden, sei dahingestellt. (Diese Frage kann nur derjenige beantworten, der weiß, weshalb der Frosch verwünscht worden ist – aber darüber gibt das Märchen keine Auskunft.)

Ebenso zwiespältig ist die Einschätzung des *Königs*. Seine Charakterisierung schwankt zwischen „guter Vater", der die Entwicklung des Pflichtbewußtseins seiner Tochter im Auge hat, und „strenger Patriarch", der mit großer Härte und Unnachgiebigkeit seine Erziehungsprinzipien durchsetzt und dabei auf eine etwas biedere Moral baut („Was du versprochen hast, das muß du auch halten.") Was er zuviel hat an moralischen Bedenken, hat der Froschkönig zuwenig. Bekanntlich sind die autoritären und disziplinierenden Züge des Königs erst nachträglich durch die ständigen Überarbeitungen der Brüder Grimm so gewichtig geworden. Ob er nun als gerecht und konsequent beurteilt werden muß (immerhin fordert er ja gleiches Verhalten gegenüber allen Lebewesen, auch den sozial verachteten) oder extrem autoritär (er zwingt die eigene Tochter in eine sehr heikle und verzweifelte Lage, stellt sich nicht auf ihre Seite, sondern auf die des Frosches), ist allemal nachdenkeswert – auch schon für Grundschulkinder!

Einmütige Zustimmung kann lediglich die Figur des *Eisernen Heinrichs* für sich beanspruchen. Wenngleich auch manche Märchenkenner das Auftreten dieser guten Seele als unnötig und störend empfinden und für die Botschaft des Märchens unerheblich, so ist doch nicht zu übersehen, daß mit der Schilderung seiner Anhänglichkeit und übergroßen Treue seinem Herrn gegenüber ein starker Schlußpunkt gesetzt wird; besonders deswegen, weil das Motiv von den drei Eisenbanden, die sich der Diener um die Brust hat legen lassen, so überaus bildhaft den Schmerz und die Trauer über die Verzauberung des Prinzen zum Ausdruck bringt.

Lutz Röhrich ist sicherlich zuzustimmen, wenn er schreibt, daß es am *Froschkönig*-Märchen Wesentliches auszusetzen gibt. Andererseits belegt er in seinem lesenswerten Buch *Wage es, den Frosch zu küssen* (1987) eindrucksvoll, welch große Wirkung von dem Märchen bis heute ausgeht. Der Grimmsche *Froschkönig* war, ist und bleibt ein Märchenstoff, der die Autoren und Künstler aller Zeiten anziehen und herausfordern wird.

Nicht verwunderlich also,

- wenn sich Bilderbuchkünstler immer wieder auf dieses Märchen stürzen und beispielhafte Illustrationen dazu erfinden (wie zuletzt in kaum überbietbarer Weise Binette Schroeder; vgl. Thiele 1991, S. 97 ff.),
- wenn Comic-Künstler den *Froschkönig* zu einer Bildfolge verkürzen (wie das sehr witzig und raffiniert montierte fünfseitige Comicmärchen von Rotraut Susanne Berner),
- wenn sich Lyriker *Froschkönig*-Gedichte einfallen lassen – wie dieses besonders hübsche von Wolfgang Bächler

Der goldene Sonnenball
ist in den Brunnen gefallen.
Am Morgen holt ihn
der Froschkönig wieder herauf.
Da keine Prinzessin ihn ruft,
wirft er den Ball in den Himmel.

- wenn Liedermacher moderne Texte und Melodien dazu schreiben (wie Fredrik Vahle mit seinen „lustigen und nachdenklichen Märchenliedern"),
- wenn Filmregisseure sich gerne des „alten Wasserpatschers" annehmen (wie Walter Beck in einer DEFA-Produktion aus dem Jahre 1988 oder Juraj Herz in seiner erstmals 1991 ausgestrahlten freien Verfilmung des Märchens)
- oder wenn Schriftsteller nach neuen und befriedigenderen Formen – „bei bester Ausnutzung der vorhandenen Motive" (Federspiel 1968, S. 269) – suchen (wie beispielsweise Janosch, der Märchen-Veränderer par excellence).

Froschkönig als Comic: Rotraut Susanne Berner

Die Janosch-Version

Janosch erzählt seine Geschichte nicht aus der Sicht der Königstochter, sondern aus der Perspektive des Frosches. Nicht der Frosch ist häßlich oder verwünscht, nein, es ist ein dikkes, häßliches Mädchen, das erlöst werden will und mit aller Anstrengung und großer Ausdauer dem „schönen grünen Froschprinzen" entgegenstrebt. Dem ist versehentlich die goldene Luftkugel – ein Art Luftballon – davongeflogen; nun schwimmt er an die Wasseroberfläche und jammert fürchterlich. Die „häßliche Maid" verspricht ihm, die Kugel wieder zurückzubringen, wenn er sie heirate. Der Froschprinz denkt nicht daran, sein Wort zu halten und schwimmt mit der zurückgewonnenen Kugel davon. Doch das Mädchen taucht ihm nach und beweist unter Wasser eine unglaubliche Überlebensfähigkeit. Von dem gestrengen Vater, dem Froschkönig, ermahnt, läßt der Froschprinz das Mädchen von seinem Teller essen (er setzt ihr allerdings Regenwürmer vor) und in seiner Kammer schlafen (sie befindet sich unter der Kühlerhaube eines alten, rostigen Autos). Um das lästige Mädchen endlich loszuwerden, nimmt er es in den Schwitzkasten. („Denn dies hat unter Wasser noch kein Mensch aushalten können.") Da verwandelt sich das Mädchen in eine Froschprinzessin, „schöner und grüner, als je einer eine solche sah." Sie erzählt, sie sei wegen ihrer Mäkelsucht vor langer Zeit in einen „armseligen, weißen Menschen" verwandelt worden. Froschprinz und Froschprinzessin heiraten, und der Bootskutscher Heinrich bringt sie auf eine kleine Insel, wo sie von nun an mit „großer Lust und Freude" leben.

Janoschs *Froschkönig* stellt also eine völlige Umkehrung des Grimmschen Märchens dar. Es werden nicht nur die Rollen der beiden Hauptfiguren vertauscht (bei den Brüdern Grimm wird der verwunschene Frosch erlöst und aus dem Wasser heraus befreit, bei Janosch umgekehrt das Mädchen im Wasser), auch alle wesentlichen inhaltlichen und lokalen Einzelheiten sind auf den Kopf gestellt (ist der Handlungsort bei Grimm über dem Wasser und fällt die Kugel nach unten, so steigt sie bei Janosch hoch und alles spielt unter Wasser). „Es handelt sich um einen Spaß, gewissermaßen nach dem Motto: Wie man den *Froschkönig* noch erzählen kann." (Baumgärtner 1987, S. 40)

Dieser „neue“ *Froschkönig* ist auf unvergleichlich lebendige und humorige Art erzählt; Märchen- und Alltagston werden von Janosch bewußt vermischt. Das Märchen „lebt von der herzhaften mundgeprägten Sprache. Sie fördert das laute Lesen, ist akustisch und zugleich porös, offen genug, damit das Kind selber mit dem Erzählen anfangen kann. Kurz, das Zurechtpolierte einer überholten Kinderbuchsprache fehlt.“ (Gelberg 1972, S. 254)

Besonders günstig erweist sich der Umstand, daß Erzähler und Illustrator ein und dieselbe Person sind. Text und Bild stellen eine Einheit dar und verstärken sich gegenseitig in ihrer Aussage. Die Bilder sind aquarellartig gestaltet und haben oft keine festen Umrißlinien, sondern gleichen flüchtigen Vorzeichnungen; dadurch gewinnt die Darstellung eine Luftigkeit und Leichtigkeit, die hervorragend mit dem Erzählton korrespondiert. Janoschs Ziel war es wohl, die oft süßlichen und übertrieben treuherzigen Märchenbilder üblicher Art damit ins Lächerliche zu ziehen.

Dadurch, daß Janosch in Wort und Bild auf Probleme der Wasserverschmutzung hinweist (der Teichboden ist mit Unrat bedeckt, ein Autowrack stellt das „Schloß“ dar), spricht er das Umweltbewußtsein der jungen Leser an. Einen zusätzlichen pädagogischen Zug verleiht er seinem *Froschkönig*, indem er die Froschprinzessin nicht von einem bösen Wesen verzaubern läßt, sondern von dem „weisen Frosch Wassergrün“, der sie von ihrer Unzufriedenheit heilen möchte.

Zum einen ist der *Froschkönig* von Janosch ein temperamentvoll erzähltes und witzig gezeichnetes Märchen, das die Kinder spontan anspricht und das sie zum vergleichenden Lesen reizt. Zum anderen ist dieser *Froschkönig* pädagogisch interessant, weil er sehr drastisch stereotype Vorstellungen über Geschlechterrollen angreift (Janosch erzählt von einer „Prinzessin“, die nicht verheiratet wird, sondern selbst die Initiative ergreift) und – sehr viel dezenter – auf Probleme der Umwelt und Überflußgesellschaft aufmerksam macht (Janosch zeichnet ein Schrottauto, Cola-Dosen und anderen Unrat auf den Grund des Sees, baut dieses Thema aber nicht weiter aus).

Es gibt mitunter Stimmen, die Janosch vorwerfen, in seinen Märchen reaktionär zu sein, weil er seine Pointen gerne auf Kosten der Frauen anbringt. Diese Kritik läuft bei seinem *Froschkönig* weitgehend ins Leere.

Ein Wort zur Zeichentrickverfilmung. Eine der 17 Folgen der beliebten Fernsehserie *Janoschs Traumstunde* ist dem *Froschkönig* gewidmet. Jede dieser Folgen hat eine Länge von rund 30 Minuten (die reine Spielzeit des Märchenfilms beträgt allerdings nur 15 Minuten) und beweist: „Qualität und massenhafter Zuspruch müssen sich nicht ausschließen" (Rogge / Rogge 1995, S. 54). Speziell bei der *Froschkönig*-Adaption ist es Janosch gelungen, den besonderen Reiz und den hintersinnigen Humor des Bilderbuches zu erhalten, wenn nicht gar zu erhöhen. Das gelingt dadurch, daß er – textlich wie bildlich – sehr nahe an der Bilderbuch-Version bleibt. Über weite Strecken handelt es sich um eine wortgenaue Übernahme. Nur geringfügige Abweichungen sind festzustellen: Es gibt kleinere Änderungen (Froschkönig hat nicht sieben, sondern nur einen Sohn), die eine oder andere Auslassung (und zwar immer dann, wenn bewegte Bilder die Worte überflüssig machen; z. B. „Da sprang das Mädchen ein wenig in die Luft und erwischte die Kugel in letzter Sekunde") und eine Umstellung am Ende (die Erzählung der Froschprinzessin über den Grund ihrer Verwünschung rückt – aus dramaturgischen Gründen – etwas nach vorn). Es fehlt die Passage, in der die drei eisernen Reife brechen, die sich der Bootsknecht vor Kummer ums Herz geschmiedet hat. Dafür wurde zusätzlich eine kleine Hinführung zum Märchen eingebaut. Der „große, dicke Waldbär" tritt als

Ansager auf und erklärt auf seine typische, etwas umständliche Art: „Wir haben einen König, wir haben sogar einen Vaterkönig und dessen Sohn ... hier in diesem Kino, auf diesem wunderbaren Fernseher ... in Bildern, Worten und kleinen Liedern werdet ihr sehen ... nämlich in diesem Film: *Der Froschkönig.*" Es gibt leise Musikeinlagen und passende Geräusche (Vogelgezwitscher, Froschgequake, Wassergeplansche). Die Sprecher für die insgesamt fünf Rollen (Erzähler, Froschprinz, Froschprinzessin, Froschkönig und Wassergrün) sind gut gewählt. Besonders köstlich klingt die leicht verknarzte Stimme der Froschprinzessin.

Im Zusammenhang mit der originalen Märchenfassung der Brüder Grimm gelesen, kann die Janosch-Variante – egal ob in Buch- oder Zeichentrickform – zu einer die Schüler bereichernden Auseinandersetzung mit dem *Froschkönig*-Stoff führen. Die Sorge, ein solcherart verändertes Märchen würde das alte Märchengut verdrängen und seine Anziehungskraft verwässern, ist überflüssig. Im Gegenteil: Beide *Froschkönig*-Versionen können ausgezeichnet neben- und miteinander leben. Über den veränderten *Froschkönig* ist es sehr gut möglich, Kinder in einer zeit- und altersgemäßen Weise für die alte Textform des Volksmärchens aufs neue zu interessieren.

Ein Unterrichtsvorschlag

Dritt- und Viertkläßler mit dem *Froschkönig*-Thema zu konfrontieren, wird dann anregend verlaufen und Lesespaß bereiten, wenn sich die Lehrkraft und die Klasse auf einen Vergleich zwischen dem Originalmärchen und der Janosch-Variante einlassen und dabei auch die eine oder andere Verfilmung einbeziehen. Im Grunde ist es gleich, ob dabei mit der originalen oder der veränderten Fassung begonnen wird und ob der Film vor oder nach der Lektüre angesehen wird, denn Original wie Veränderung, Buch wie Film dürfen nicht als gegensätzliche und konkurrierende, sondern sollten als eigenständige und gleichberechtigte ästhetische Produkte verstanden werden. Allerdings ist es – eines spannungsvolleren Unterrichtsablaufs wegen – zumeist besser, mit dem Original zu beginnen und den Film erst nach der Textrezeption vorzuführen.

Die Beschäftigung mit den beiden Märchenfassungen gliedert sich deshalb in zwei Teile. Zunächst wird gründlich und genau auf die Grimmsche Fassung einzugehen sein. Hier kann der Lehrer all die bekannten und bewährten didaktischen Einzelmaßnahmen zur Erschließung von Märchen berücksichtigen (klanggestaltendes Lesen und freies Erzählen, Herausarbeiten der Handlungsstruktur und typischer Merkmale des Märchens, Vorstellen alter und moderner *Froschkönig*-Illustrationen, Malen von Märchenbildern und Herstellen von Bildreihen, Gestalten von Froschmasken, von Stabfiguren oder Puppen aus Pappmaché zum Märchen, Durchführen von Märchenspielen usw.). Dann folgt die Arbeit mit dem veränderten *Froschkönig*-Text. Hier sollte der Lehrer – neben dem Vergleichen des ursprünglichen mit dem umgedrehten Märchen – vor allem Wert auf kreative und produktive Formen der unterrichtlichen Auseinandersetzung legen (Eingriffe in den Originaltext wie Hinzuerfindungen, Fortführungen und Ausdenken anderer Märchenschlüsse, mündliches und schriftliches Erzählen eigener Märchen, Übertragen in Dialekt oder Umgangssprache, Malen umgedrehter Märchenfiguren, Gestalten einer Comic-Geschichte, eines Hörspiels oder Videoclips, Erstellen neuer Märchenspiele u. a.).

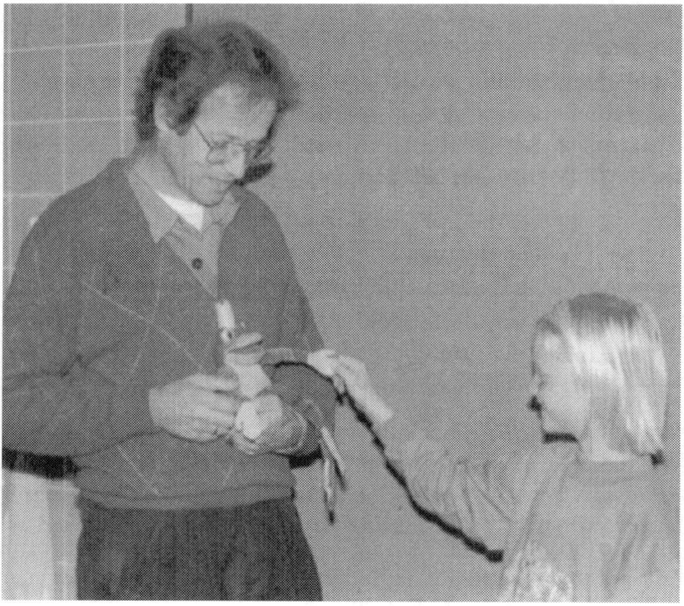

Froschkönig-Puppe

1. Unterrichtssequenz:
   Originalmärchen der Brüder Grimm

Einführungsphase

Die Hinführung zum Märchen kann über ein Arbeitsblatt erfolgen, das einen Textauszug und vier leere Bildrahmen enthält (siehe S. 143). Der ausgewählte Märchenausschnitt hat eine sehr markante Stelle aus dem *Froschkönig*-Märchen zum Inhalt: Der Handlungsrahmen wird darin abgesteckt (Hof des Königs) und die beiden Hauptfiguren werden erkennbar (der Froschkönig wird allerdings nicht namentlich genannt). Dies – in Zusammenhang mit dem berühmten Vers „Königstochter, jüngste …“ – dürfte für die meisten Schüler ausreichen, sich an das Märchen vom *Froschkönig* zu erinnern. Die Lösung des Märchenrätsels kann durch Vorzeigen einer Handpuppe bestätigt werden; der doppelte Titel des Märchens wird an die Tafel geschrieben.

Der Froschkönig oder Der eiserne Heinrich

Aus einem Märchen der Brüder Grimm

... Am andern Tage, als die Königstochter sich mit dem König und allen Hofleuten zur Tafel gesetzt hatte und von ihrem goldenen Tellerlein aß, da kam, plitsch, platsch, plitsch, platsch, etwas die Marmortreppe heraufgekrochen, und als es oben angelangt war, klopfte es an die Tür und rief:

„Königstochter, jüngste,
mach mir auf,
weißt du nicht, was gestern
du zu mir gesagt
bei dem kühlen Brunnenwasser?
Königstochter, jüngste,
mach mir auf."

Leseblatt (ausgefüllt)

Rezeptions- und Verarbeitungsphase

An diese Rätselsituation schließt sich ein Gespräch über das *Froschkönig*-Märchen an, das viele der Schüler erfahrungsgemäß nicht mehr genau kennen. Unsicherheiten, die im mündlichen Vervollständigen des Märchens auftreten, lassen es notwendig erscheinen, den kompletten Grimm-Text genau nachzulesen (z. B. sind sich die Schüler in aller Regel darüber unklar, ob die Prinzessin dem Frosch einen Kuß gibt oder nicht, wer dem Frosch die Schloßtür öffnet, wohin die Kutschfahrt mit dem Eisernen Heinrich geht).

Dem gemeinsamen Lesen des Märchens folgt eine gründliche Aussprache. Dabei wird die Handlung in vier wichtige Stationen eingeteilt; diese werden – auf Wortkarten geschrieben – an der Tafel festgehalten:

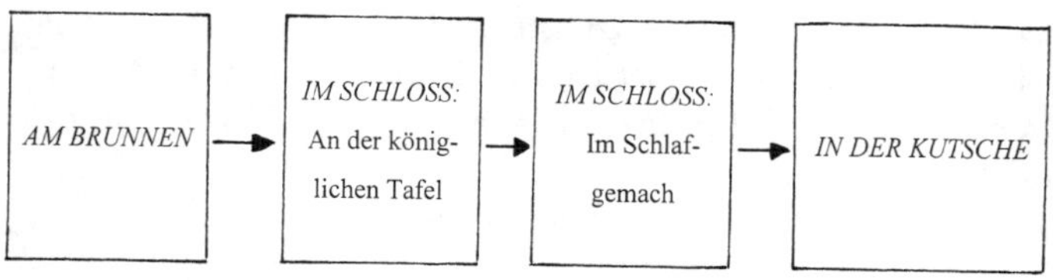

Darauf aufbauend kann die Spannungskurve dieses Märchens herausgearbeitet werden. Dazu müssen die Wortkarten versetzt werden. Eine Karte mit der Aufschrift „Erlösung" kommt als Spannungshöhepunkt hinzu. Die Schüler erkennen aufgrund der zunächst allmählich aufsteigenden, dann rasch fallenden Linie den Geschichtentyp „Frosch".

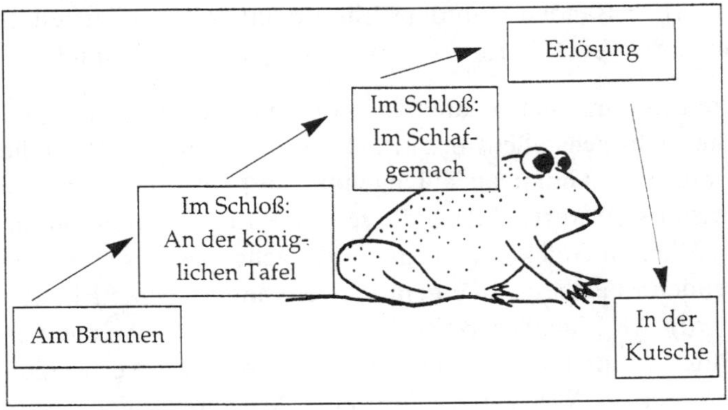

Tafelbild

Ein aufschlußreiches Gespräch kann sich ergeben, wenn die Schüler gebeten werden, das Verhalten und die Charaktereigenschaften der vier Hauptfiguren des Märchens zu bestimmen und zu beurteilen.

Königstochter: Ihre Haupteigenschaften sind „schön", „stolz", „widerstrebend", „ablehnend", „gehorsam" (?); sie spielt im Märchen die Rolle der „Erlöserin", hat aber dabei unverdientes Glück, denn sie erreicht trotz ihres Abscheus und ihrer Unaufrichtigkeit gegenüber dem Frosch dessen Rückverwandlung.

Froschkönig: Im Gegensatz zur Prinzessin ist er „häßlich", „aufdringlich", „bedrängend", „aktiv"; der von einer Hexe „Verwünschte" will die Liebe der Königstochter und damit seine Erlösung erzwingen.

König: Er ist „streng" und „unnachgiebig"; er fordert unbedingten Gehorsam von seiner Tochter, hilft nicht ihr, sondern dem Frosch; sein Wahlspruch „Was man verspochen hat, muß man halten" bringt die eigene Tochter in eine sehr heikle Situation.

Heinrich: Der „treue“ und „verläßliche“ Diener, an dessen eisernen Banden man deutlich erkennt, wie verzweifelt er über die Verzauberung seines Herrn gewesen sein muß.

Im Zusammenhang damit ist es durchaus denkbar, auch auf die „Schwachstellen“ des Märchens einzugehen (z. B. ist die Frage des „Gehorsams / Ungehorsams“ der Prinzessin eine Diskussion wert, ebenso die seltsame Logik von ihrem unverdienten Glück oder auch die Tatsache, daß aus dem spielenden Mädchen von einem Tag zum anderen eine Ehefrau wird). Als Mangel erweist sich außerdem, daß man nicht erfährt, weshalb der Königssohn in einen Frosch verwandelt worden ist. Mit den Kindern eine Art Vorgeschichte zum Märchen zu erfinden, über das Leben des Prinzen vor der Zeit seiner Gefangenschaft im Froschkörper, stellt eine besonders reizvolle und kreative Denk- und Schreibaufgabe dar.

Abschlußphase

Geeignete Möglichkeiten, diese Unterrichtseinheit ausklingen zu lassen, sind:

- das sinngestaltende Lesen, auch mit verteilten Rollen
- das Gestalten spielbarer Szenen (z. B. Brunnenszene)
- das Malen einer Märchenbilderreihe („Brunnen“ – „Tafel“ – „Schlafgemach“ – „Erlösung“ – „Kutschfahrt“)
- das Anhören und kritische Vergleichen verschiedener Kassettenversionen des Märchens
- das Betrachten eines zehnminütigen Puppentrick-Films (Bildstellennummer 32 04223)
- das Sammeln und Mitbringen von Texten, Bildern, Postern, Figuren und Witzen zum *Froschkönig*-Stoff

2. Unterrichtssequenz:
   Verändertes Froschkönig-Märchen von Janosch (Buch- und/oder Filmversion)

Einführungsphase

Das Interesse der Schüler für diese *Froschkönig*-Version kann auf sehr anschauliche Weise mit einer (im Handel erhältlichen) Verwandlungspuppe geweckt werden. Es handelt sich um eine Stoffpuppe, mit der sich durch Umstülpen und Wenden der Froschkönig in einen Königssohn verwandeln läßt.

Ebensogut eignet sich als Einstieg das auf Farbfolie kopierte Unterwasserbild des Bilderbuchs (siehe S. 148) oder aber das meditative Betrachten einiger Janosch-Bilder, die der Lehrer auf Video aufgenommen hat und den Kindern über das Fernsehgerät kommentarlos zeigt. Es provoziert die Frage, ob man das *Froschkönig*-Märchen auch umkehren („umdrehen“) kann.

Rezeptions- und Verarbeitungsphase

Der Lehrer liest den ersten Teil des Janosch-Märchens vor (bis: „Sie sprang mitsamt ihrem Kleid hinter ihm her und rief: ‘So warte doch, mein Liebster, ich kann dir kaum folgen’“) oder zeigt wahlweise die entsprechende Trickfilmszene.

Janosch

Diese Passage fasziniert die Kinder so stark, daß sie von selbst beginnen, die Geschichte weiterzuerzählen. Zunächst finden dazu Partnergespräche statt, dann tragen einzelne Kinder ihre erfundenen Fortsetzungen der Klasse vor. Die gelungensten Versionen werden mit dem Tonband, vielleicht auch schriftlich, festgehalten. Unter ihnen kann sich möglicherweise auch eine „Mustererzählung" wie diese befinden:

Der Froschprinz schwamm zu seinem Schloß. Bald darauf saß er erleichtert an der königlichen Tafel. Plötzlich klopfte jemand an die Tür und rief: „Froschprinz, grünster, mach mir auf!“ Der Froschprinz wurde ganz hellgrün im Gesicht. Da fragte der Vater: „Was fürchtest du dich? Glaubst du etwa ein Storch steht vor der Tür?“ Da erzählte der Froschprinz seinem Vater von dem dicken, häßlichen Mädchen. Der Vater sagte zornig: „Was du versprochen hast, mußt du auch halten.“ Der Froschprinz öffnete die Tür und ließ das Mädchen herein. Weil es nicht auf den Stuhl paßte, mußte es sich hinknien. Als es satt war, sagte es: „Ich will mich jetzt mit dir schlafen legen.“ Das Mädchen sprang mit voller Wucht ins Bett, das krachte und zersprang in tausend Stükke. Da stand eine Froschprinzessin vor ihm. Sie erzählte, daß sie von einer bösen Froschhexe verwunschen worden war. Sie verliebten sich und beschlossen, zu heiraten. Am nächsten Morgen fuhren sie mit einer Kutsche, gezogen von acht Seepferdchen, ins Königreich der Froschprinzessin.

Nach diesen Versuchen, selbst Fortsetzungen zu erfinden, ist die Zeit gekommen, mit den Kindern Janoschs umgekehrte *Froschkönig*-Fassung zu lesen und/oder den Zeichentrickfilm anzusehen und Parallelen zu ziehen zu den eigenen Arbeiten. Besonders neugierig sind die Kinder auf Janoschs Erlösungsszene. Die Schüler äußern sich spontan darüber, welches der beiden Märchen ihnen besser gefallen hat und worin sie sich unterscheiden.

In einer gelenkten Aussprache stehen zwei Gesprächsaspekte im Mittelpunkt:

- Wir vergleichen beide Märchen in ihrer Handlungsfolge; die Gesprächsergebnisse entsprechen den Aufzeichnungen des Arbeitsblattes (siehe S. 151)

- Wir vergleichen die beiden Hauptfiguren; dazu wird folgende Tafelanschrift erarbeitet:

MÄRCHEN	*MÄDCHEN*	*FROSCH*
Brüder Grimm	Erlöserin schön abwehrend	Verzauberter häßlich aufdringlich
Janosch	Verzauberte dick, häßlich aufdringlich	Erlöser schön, grün abwehrend

Das Pfeilkreuz wird ganz zum Schluß eingesetzt und soll die Erkenntnis „Hier ist alles umgekehrt" verdeutlichen. Natürlich kann auch auf die mögliche Intention des Autors eingegangen werden, die sich in der Frage konkretisiert, warum Janosch wohl den *Froschkönig* umgedreht erzählt hat.

…Sie hörte nicht darauf, eilte nach Haus und hatte bald den armen Frosch vergessen, der wieder in seinen Brunnen hinabsteigen mußte. – Am andern Tag, als sie mit dem König und allen Hofleuten sich zur Tafel gesetzt hatte und von ihrem goldenen Tellerlein aß, kam plitsch platsch, plitsch platsch, etwas die Marmortreppe heraufgekrochen, und als es oben angelangt war, klopfte es an die Tür und rief: „Königstochter, jüngste, mach mir auf …“

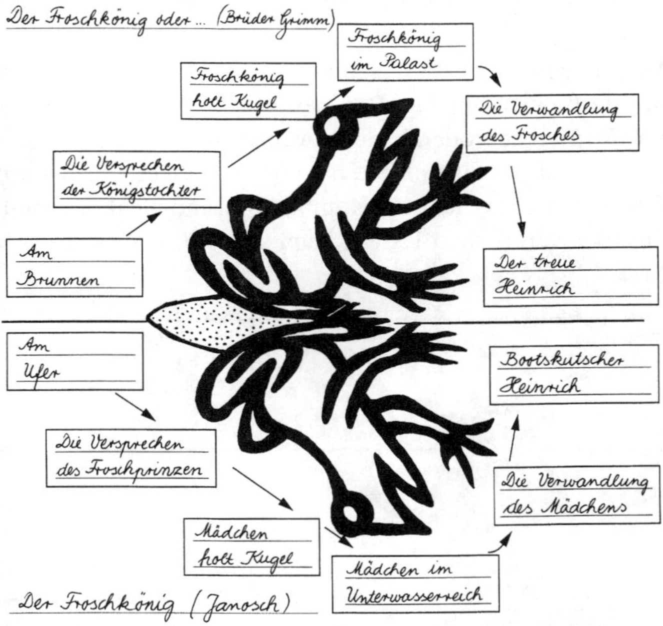

… Der Froschprinz schwamm, so schnell ihn seine Flossen trugen, zum Palast seines Vaters. Er schlug die Tür hinter sich zu und benahm sich vor seinem Vater, dem Froschkönig, recht unauffällig, denn der Froschkönig war sehr gestrenge. Was Versprechen anging. – Da klopfte auch schon jemand draußen ans Fenster. …

Arbeitsblatt (ausgefüllt)

Abschlußphase

Diese Unterrichtseinheit kann methodisch sinnvoll mit Leseübungen zum klanggestaltenden Vortrag, mit szenischen Inszenierungen, mit Mal- und Bastelarbeiten („Wir nähen einen Froschkönig!“; siehe S. 153ff.), vor allem aber mit dem Erfinden von „Schüttel-Märchen“ verdichtet und abgeschlossen werden.

Anregungen zum letztgenannten Punkt bietet das Buch „Kunterbunter Märchen-Schabernack“ von Gabriele Kapp und Wilfried Schröder, in dem zwanzig Märchen in Bild und Gedicht vorgestellt werden, die jeweils dreigeteilt sind und sich in unterschiedlichsten Kombinationsmöglichkeiten miteinander vermischen lassen. Zum *Froschkönig* findet sich dies:

Froschkönig als Schabernack-Märchen

Um das Märchenprojekt produktionsorientiert ausklingen zu lassen und um vom Märchenlesen zum Märchenschreiben zu gelangen, können die Kinder angeregt werden, eigene *Froschkönig*-Märchen zu erfinden und in einem Büchlein „Die neuen Froschkönig-Märchen der vierten Klasse" zu sammeln. Unter Titeln wie „König Frosch oder Der Krieg der Sterne", „Der Nintendo-Frosch" oder „Die Froschprinzessin und die eiserne Henriette" fielen den Kindern sehr originelle Geschichten ein.

Werbung mit *Froschkönig*
(Erdal-Frosch)

Nähen eines Frosches aus Stoff

Dazu werden verschiedene Materialien und Werkzeuge benötigt. Neben dem Stoff (am besten eignet sich grüner und roter Filz) braucht man Stecknadeln, Heftfaden, Nähseide, Nähnadeln, selbstklebenden Filz zum Verzieren und Reis oder Watte zum Füllen.

Als erstes muß ein Schnitt für den Frosch erstellt werden (Schablone). Danach werden zwei Stofflagen ausgeschnitten, aufeinandergelegt und geheftet. Für das Zusammennähen des Frosches eignet sich am besten der Steppstich. Zweckmäßig ist es, zuerst das Maul des Frosches einzunähen, das aus rotem Filz gearbeitet wird. Nicht vergessen darf man die Öffnung zum Einbringen des Füllstoffes. Ist der Frosch mit Reis oder Watte ausgestopft, wird die Öffnung zugenäht. Abschließend wird der Frosch mit Augen aus selbstklebenden Filz versehen.

Die Anfertigung dieses Stofftiers sollte zusammen mit der Fachlehrerin geplant und durchgeführt werden.

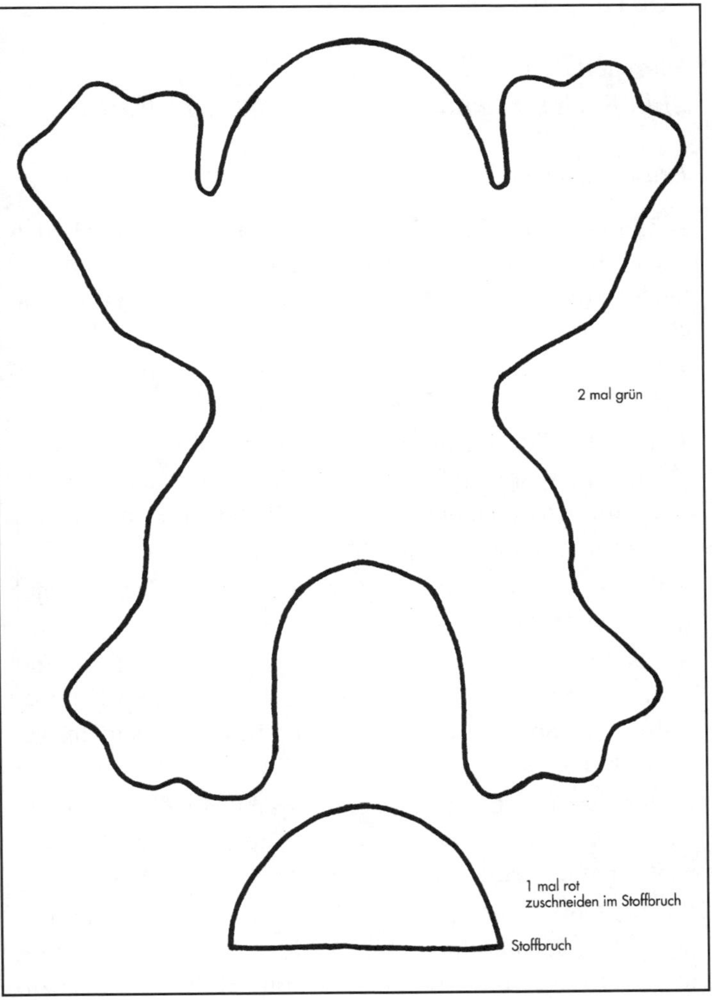
2 mal grün
1 mal rot
zuschneiden im Stoffbruch
Stoffbruch

Sturzflug ins Märchenland

Märchenartige Bilderbuchgeschichte: „Ein Buch für Bruno" von Nikolaus Heidelbach

Brunos Lesereise

Bei *Ein Buch für Bruno* des „wunderbaren Nikolaus Heidelbach" (Kayser 1997) handelt es sich um ein Bilderbuch, das die Kreativ- und Produktivkräfte der Kinder in ebenso einfacher wie genialer Weise anzuregen vermag.

- Der Titel mit seiner sprachspielerischen U- bzw. Ü-Häufung,
- das Titelbild, auf dem ein Mädchen rittlings – wie eine Blocksberghexe auf dem Besen reitend – auf einem mächtigen Buch durch die Lüfte schwebt und einen überrascht dreinschauenden Jungen nach sich zieht,
- die Vorsatzblätter mit träumerisch blauem Nachthimmel und blitzenden Sternen und
- das Innentitelbild, das ein geschlossenes Zauber- und Märchenbuch zeigt, aus dem ein rotes Lesebändchen hervorlugt und auf dem es sich eine Schlange bequem gemacht hat,

führen geradewegs hinein in eine Geschichte, die ganz realistisch beginnt und endet, dazwischen aber in einer Märchenwelt spielt und eine atemberaubende Handlung hat.

Die beiden Kinder auf der Titelseite stehen im Mittelpunkt dieser Geschichte; ihre „sprechenden Namen" verweisen – in bester Kinderbuchtradition – schon auf den (gegensätzlichen) Charakter und die Funktion ihrer Träger:

- die geschichtensüchtige Ulla *Herz* (= Symbol für Freundschaft und Liebe), Besitzerin eines magischen Buches (wer darin liest, dem geschieht das, was darin geschrieben steht) und auf der Suche nach einem gleichgesinnten

Freund, ein „Bücherwurm“, der zur „Schlange“, zum Leseverführer wird

- der Skateboard-Fan und coole, kleine Materialist Bruno *Würfel* (= Symbol für Zufälligkeit und Unbeständigkeit), der anfangs an allem, nur nicht an Büchern, interessiert ist und von Ulla in ein Leseabenteuer verstrickt wird, bei dem ihm die „Heldenrolle“ zugeteilt wird und das ihn von seiner Buchabstinenz heilt.

Dreimal versucht es Ulla, Bruno mit Hilfe eines Buches zum Bleiben zu überreden. Erst beim dritten Mal hat sie Erfolg, als sie es mit „*dem* Buch“ versucht, also nicht mit irgendeinem „Puh, Kinderbuch!“, sondern mit dem sternhimmelblauen Märchen- und Zauberbuch, in dem alles lebendig werden kann. Mit diesem Riesenbuch, dessen geheimnisvolle Wirkung auf Bruno zum einen durch die fremde Schrift (nur Ulla kann sie lesen), zum andern durch den raffinierten Pflastertrick (Ulla hat sich ein Pflaster auf den Hals geklebt, um den angeblichen Biß einer Schlange – „sie kam aus dem Buch“ – zu verdecken) verstärkt wird, hat sie den richtigen Köder gefunden. Erstmals zeigt Bruno Interesse für ein Buch („Zeig!“), und schon hängt er an der Angel. Weil Bruno den Text des Buches nicht entziffern kann, beginnt Ulla damit, ihm „leise vorzulesen“ – und Bruno hört zu.

An dieser Stelle, wo der Realteil des Buches (vorläufig) abgeschlossen und der Phantasieteil, der Sprung in eine Märchen- und Sagenwelt, beginnt, hört Heidelbach mit dem Erzählen auf und läßt von nun an die Bilder allein weitersprechen. Das folgende, überaus dramatische und haarsträubende Geschehen stellt sich ausschließlich über (insgesamt elf) doppelseitige Farbbilder dar:

Ulla und Bruno steigen buchstäblich eine schier endlose Treppe abwärts ins Buch hinein, benutzen ein Lesebändchen als Seil und schwingen sich damit – wie weiland Tarzan und Jane an einer Liane hängend – ins Land der Phantasie.

Ulla wird von einem gigantischen Drachenvogel, dem Grimmschen *Vogel Greif* verwandt, erfaßt und zu einer Insel fortgetragen. Bruno beschließt, Ulla zu retten. In einem Boot, das bestückt ist mit einem exotischen Vogel, einem Schwert und einem Stoffbeutel, rudert er zur Insel hinüber. Bedroht von kleinen bösartigen Urtieren, aber beschützt vom Helfer-Vogel, erreicht er schließlich die Felsenregion, in der das Drachenmonster haust. Mit dem Brathähnchen aus dem Stoffbeutel lenkt Bruno den Drachen ab und bringt ihm mit einem Schwerthieb eine tödliche Halswunde bei. Zusammen mit Ulla gelangt er glücklich zum Boot zurück; dort wartet schon der Helfer-Vogel. Auf ihrer Fahrt zum Festland werden sie von gefährlichen Phantasiefischen aller Art verfolgt. Sie geraten in einen gewaltigen Wasserfall, den sie hinabstürzen. Wiederum bekommen sie das rote Lesebändchen zu fassen und schwingen sich zurück in ihre Alltagswelt.

Nun kann Heidelbach wieder an die Ausgangsgeschichte anknüpfen: Die Kinder befinden sich im Bücherzimmer der Familie Herz. Ulla klappt das Riesenbuch zu. Bruno hat sich offensichtlich beim Drachenkampf eine Verletzung am Hals zugezogen. Auch er trägt nun – wie schon Ulla zuvor – ein Pflaster. Infiziert vom Lesevirus, bittet er Ulla um eine Wiederholung des Leseabenteuers. „Sicher“, antwortet diese und – wohl wissend, daß Spannung und Aufregung klug zu dosieren sind – setzt sie hinzu: „Aber heute nicht mehr. Komm doch einfach mal wieder!“ Sie verabschieden sich als gute Freunde!

Die Bilder Heidelbachs weisen eine kräftige und Kinder sehr ansprechende Farbgebung, klare Konturen und zahlreiche Details auf. Auf jeder Bildseite ist immer mindestens eine der beiden Hauptpersonen zu sehen, deren Aussehen nicht sonderlich „ästhetisch“ wirkt. Typisch für Heidelbach ist ja, daß er keine netten oder niedlichen Bilderbuch-Kin-

Nikolaus Heidelbach

der zeichnet, sondern eigenwillige Figuren, „kompakt bis vierschrötig, breitnasig und kleinäugig, mit Händen zum Zupacken und standfesten Beinen und Füßen. Und trotzdem hält er in Gestik und Mimik auch ihre Verletzlichkeit fest. Er zeigt, wenn sie im Glück ihrer phantastischen Geschichten und Träume verklärt umarmt aus dem Drachennest fallen, ihre Sehnsucht und Zärtlichkeit." (Wenke 1997)

Die Bilder im Binnenteil muten magisch-phantastisch, z. T. sogar surreal an (etwa die sich auf dem Felsen abzeichnenden Schattenbilder von Krallen und Drachenköpfen). Einige davon sind „filmisch", also auf ein zeitliches Nacheinander, auf „Bewegung" hin angelegt.

Nikolaus Heidelbach hat eine großartig inszenierte, doppelbödige Geschichte zum Thema „Freundschaft" (unter Menschen wie zu Büchern) geschrieben und gemalt, ein Bilderbuch, an denen die Lehrer nicht achtlos vorbeigehen sollten – allein schon deswegen nicht, weil zu hoffen ist, daß auch viele der Schüler dem „süßen Gift der Leseleidenschaft" (Mattenklott 1997), das hier ausgegossen wird, nicht widerstehen können.

Didaktische Überlegungen

Die im Bilderbuch geschaffene Verbindung von Realität (in der Rahmenerzählung) und magisch-märchenhafter Phantasie (in der Binnengeschichte) paßt – wie Beinlich (1980, S. 45ff.) herausgestellt hat –, recht genau zu den Vorlieben von Schülern der zweiten bis vierten Jahrgangsstufe.

Die didaktische Besonderheit der im folgenden dargestellten Unterrichtssequenz lag auf dem Versuch, den Umgang mit diesem Bilderbuch projektorientiert anzugehen, indem die Textrezeption zu eindrucksvollen *Leseerlebnissen* führen und die kreativitäts- und produktionsanregenden Qualitäten des Textes als *Schreibanlässe* genutzt werden sollten.

Für die Phase der Textbegegnung und -erschließung bedeutet dies, von Anfang an die aktiven Formen des Lesens ins Auge zu fassen und sehr früh schon erste (schreib-)kreative Aufgaben einzubauen.

In der Phase der Textproduktion ist den Schülern einsichtig zu machen, daß es – so wie im Bruno-Buch vorgeführt – mindestens dreier Elemente bedarf, um eine eigene (Märchen-) Geschichte zusammenzustellen: Es müssen Personen (reale oder phantastische Lebewesen) zusammengeführt werden, die an irgendeinem denkbaren Ort in eine lustige, merkwürdige oder gefährliche Situation geraten. Die drei Elemente „Personen", „Orte" und „Ereignisse" lassen sich – wie Spielkarten – mischen und variabel ausspielen.

Das Ganze ist dreischrittig angelegt; insgesamt sind acht bis zehn Doppelstunden erforderlich:

- die Phase der Textrezeption mit ersten schreibkreativen Übungen

- die Phase der Textverarbeitung mit dem Schreiben einer Geschichte zu den Bildern des Binnenteils sowie der Auseinandersetzung mit dem Thema „Freundschaft“
- die Phase der Textproduktion mit weiteren schriftlichen und filmischen Verarbeitungsmöglichkeiten

1. Unterrichtssequenz:
   Begegnung mit dem Bilderbuch

Zum Einstieg eignet sich eine Art Rebus: Auf einem Papierband wird der Buchtitel in verrätselter Form vorgestellt. Denkbar wäre es auch, über geheimnisvolle Schwungbuchstaben (wie im Bilderbuch) oder über eine tintenverkleckste Titelseite zur Überschrift der Geschichte zu finden.

„Verkleckste“ Buchtitelseite

Der Lehrer liest das Buch an, vorerst bis: „Und sie fing an leise vorzulesen." Die Schüler – im Halbkreis um die Tafel sitzend – werden mit den ersten vier Bildern des Buches konfrontiert und dürfen sich frei zum Geschichtenanfang und zu den Bildern äußern.

Danach wird ein Leseblatt mit dem bisher bekannten Textstück ausgeteilt. Die Schüler stoßen auf erste typische Charaktereigenschaften der beiden Hauptfiguren und entdekken auch die Beziehung zu deren „passenden" Nachnamen. Das Ganze wird an der Tafel den dort angehefteten Bildern von Ulla und Bruno zugeordnet.

Das Bild mit den am Lesebändchen fortfliegenden Kindern führt automatisch zur Frage „Wie geht's wohl weiter?" und zur Überlegung: „Sicherlich landen die beiden nicht in alltäglichen, gewöhnlichen Gegenden!" Gemeinsam wird nach möglichen Räumen und Situationen gesucht: Märchenland, Geisterburg, Schatzkammer, Geheimgang, Weltraum, Schlaraffenland ...

Zum Abschluß malen oder zeichnen die Kinder ihren Schauplatz und schreiben dazu – je nach Lust und Zeit – entweder nur eine Überschrift, einen Kurztext oder eine ganze Geschichte.

2. Unterrichtssequenz:
   Auseinandersetzung mit den Bildern des märchenhaften Mittelteils

Über ein „Märchen- und Zauberbuch", das der Lehrer mitgebracht hat, oder auch über eine thematisch zur Bilderbuchgeschichte passende Phantasiereise („Stell dir vor, du liegst auf einem weichen Teppich, blätterst in einem Buch. Ringsum stehen hohe Regale mit dicken, schweren Büchern. Es ist ganz still. Auf dem Boden neben dir steht eine Kerze. Sie spendet genug Licht zum Lesen. Das Buch, das du dir ausgesucht hast, ist spannend. Du bist ganz vertieft in die Geschichte. Die Wirklichkeit verschwindet mehr und mehr …“) läßt sich gut eine Rückbesinnung auf das bisher Gelesene in Gang setzen.

Im Mittelpunkt steht dann die Rezeption der elf textlosen Bilder des Buches und die gemeinsame Aussprache über diesen Phantasieteil der Geschichte. Dies geschieht am besten mit Hilfe von Dias oder Farbfolien, die nach und nach gezeigt werden und die Kinder zu oft sehr originellen mündlichen Äußerungen veranlassen. Das Geheimnis über den „Ausstieg“ aus dem Zauberbuch sollte erst nach den Mutmaßungen der Kinder gelüftet werden.

Das Schreiben eines Textes zu den Bildern kann über den Vorschlag, ein eigenes Bilderbuch zu diesem Ulla-und-Bruno-Abenteuer zu gestalten oder aber einen „Bildbuch-Film“ zu drehen, motiviert werden. In vier bis sieben kooperierenden Schreibgruppen wird der Text dafür erstellt:

- Einstieg ins Zauberbuch
- Entführung durch den Drachen
- Bootsfahrt
- Durchquerung der Insel
- Kampf mit dem Drachen
- Flucht
- Ausstieg aus dem Zauberbuch

Beginn eines Schülertextes (Landgraf 1999):

Ulla zeigte auf eine Treppe im Buch und fragte: „Gehen wir hier rein?“ „Na gut, einverstanden“, sprach Bruno. Sie stiegen die Stufen hinunter und sahen ein Leseband. Sie hängten sich daran und schwangen sich in eine andere Welt. Bruno machte die Augen zu und hielt sich an Ulla fest. Ulla gefiel das Fliegen mit dem Leseband sehr. Plötzlich wurde Ulla von einer Pfote mit riesengroßen Krallen, größer als ein Mensch, gepackt. Bruno fiel nach unten und landete auf einem Sandhaufen. Traurig schaute er dem Ungeheuer nach, das Ulla mitgenommen hatte und zu einer Insel flog …

Als zweiter Schwerpunkt rückt nun das Thema „Freundschaft“ in den Mittelpunkt. Über Freundschaftsbänder, die der Lehrer mitgebracht hat, über Freundschaftsverse fürs Poesiealbum, die an der Tafel stehen, oder über das Bild, auf dem sich Ulla und Bruno die Hände reichen, kann zu ihm hingeführt werden.

Nach einem Vergleich der beiden Figuren (Unterschiede und Gemeinsamkeiten, etwa unter Aspekten wie „Namen“, „Hobbys“, „Eigenschaften“) wird über das Zustandekommen ihrer Freundschaft nachgedacht. An der Tafel und später auf einem Arbeitsblatt kann dies graphisch-symbolhaft festgehalten und gesichert werden.

Mit einem Transfer auf den Lebensbereich der Schüler endet die Stunde: Die Kinder erzählen von eigenen Freundschaftserlebnissen.

Ein Buch für Bruno

von Nikolaus Heidelbach

Ein Bilderbuch zum Thema Freundschaft

Ulla	Bruno
- liest gerne Bücher	- liest nicht gern
- hätte gerne einen Spielkameraden	- will keine Freundschaft
- ist oft allein	- ist ein Angeber
- Nachname: Herz	- Nachname: Würfel

Sie lesen gemeinsam ein Märchenbuch
und erleben ein aufregendes Abenteuer.
Ulla Herz und Bruno Würfel
werden Freunde.

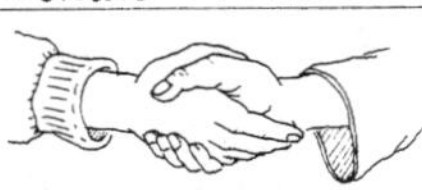

Für mich bedeutet Freundschaft …

Spaß, Abenteuer, miteinander gehen, spielen und reden, sich gegenseitig helfen, nicht verpetzen, nicht streiten… „Ein Freund ist jemand, der dich gern hat."

Arbeitsblatt (ausgefüllt)

3. Unterrichtssequenz:
Gestalten eines Drachenmärchen-Bilderbuches

Abschluß und Höhepunkt des Projekts bildet die Gestaltung eines eigenen Bilderbuches. Es enthält neben dem originalen Wortlaut des Bilderbuches den von Kindern selbst verfaßten Text zum Binnenteil, ihre selbst ausgedachten Fortsetzungsgeschichten (dazu hat der Autor die Kinder auf der letzten Bilderbuchseite mit Brunos Frage an Ulla „Kannst du das noch mal?" geschickt animiert) sowie ein Drachenmärchen, das die Kinder gemeinsam erfunden haben.

Beim Schreiben weiterer „Abenteuer mit dem Zauberbuch" sind Reizsätze („Als Ulla und Bruno wieder in die Bibliothek zurückkehrten, stellten sie fest, daß sie klitschnaß waren" oder „Als Ulla das Buch zuklappte, waren sie froh, daß sie wieder ihre normale Körpergröße hatten") oder Reizwörter („sprechender Baum" – „Höhle" – „verlaufen") oft sehr hilfreich und initiierend (vgl. Landgraf 1999, S. 108f.).

Als Alternative oder auch zusätzlich bietet sich an, gemeinsam ein eigenes Drachenmärchen – diesmal mit einem „guten" Drachen, wie man ihn aus der chinesischen Tradition kennt, im Mittelpunkt – in selbstorganisierter, arbeitsteiliger Gruppenarbeit zu erfinden und zu illustrieren (vgl. Lange-Niederprüm 1995).

Die Hauptschritte dieses „Drachenmärchen-Bilderbuch"-Projekts sind

- das Vorstellen des Vorhabens („Wir wollen ein eigenes Drachenmärchen schreiben, es illustrieren und zu einem Bilderbuch binden!")
- die Vorgabe eines groben Handlungsrahmens („Es war einmal ein kleiner Drache … der lebte glücklich und zufrieden … bis zu dem Tag, an dem ein schreckliches Unglück geschah … traurig zog der Drache in die Welt hinaus … hier traf er jemanden, der ihm sagte, was zu tun war …

bis zu seiner Erlösung mußte er aber noch viele Abenteuer bestehen und Aufgaben lösen ... dann aber wurde er erlöst und fand sein Glück.")

- das Schreiben des Märchentextes (zuvor sind typische Märchen-Erkennungsmerkmale wie „Ausgangssituation", „böse Personen", „magische Dinge", „gute Helfer", „Aufgaben und Prüfungen", „Erlösung", „guter Schluß" und sprachliche Eigenarten wie „Märchenzahlen", „Beschwörungssprüche", „Anfangs- und Schlußformeln" zu wiederholen; vgl. Sedlmayer 1994, S. 26)
- das Gestalten der Bilder (zu jedem Textbaustein ist ein Bild vorgesehen; für den Drachen wird eine Schablone entworfen; er wird aus marmorierten Papier geschnitten und auf die Bilder geklebt)
- das Binden des Märchenbilderbuches (die Texte sind behutsam korrigiert, in „Schönschrift" auf genormte Blätter geschrieben und mitsamt den Zeichnungen kopiert worden; die Gestaltung der Titelseite, das Sortieren der Blätter, das Lochen und Zusammenbinden mit Kordeln gibt den Kindern einen Eindruck davon, wie Bücher hergestellt werden).

Auf diese Weise erhält jeder Schüler ein Märchenbuch, an dem er mitgearbeitet hat und das er mit dem Gefühl, ein Autor zu sein, stolz nach Hause mitnehmen kann.

Märchenbausteine

Das Ganze kann in einem selbstgedrehten Videofilm festgehalten werden. Vorbild dafür ist die in Kindersendungen des Fernsehens üblich gewordene Form des „Bilderbuchkinos", bei der neue Bilderbücher vorgestellt werden, indem die Illustrationen des Buches gezeigt und die Texte dazu vorgelesen werden. Zusätzlich kann das selbstgeschriebene Drachenmärchen eingespielt werden. Bei diesem unaufwendigen Verfahren können alle Kinder einbezogen werden, entweder als „Buch-Halter", „Bild-Zeiger", „Text-Vorleser" oder „Video-Filmer".

Als Ausklang und „zum Dank" für die gute Arbeit kann von der Bildstelle der „Drachen"-Film „In einem Land vor unserer Zeit" von Steven Spielberg besorgt und gemeinsam angesehen werden.

Kopiervorlage zu „Hans im Glück"

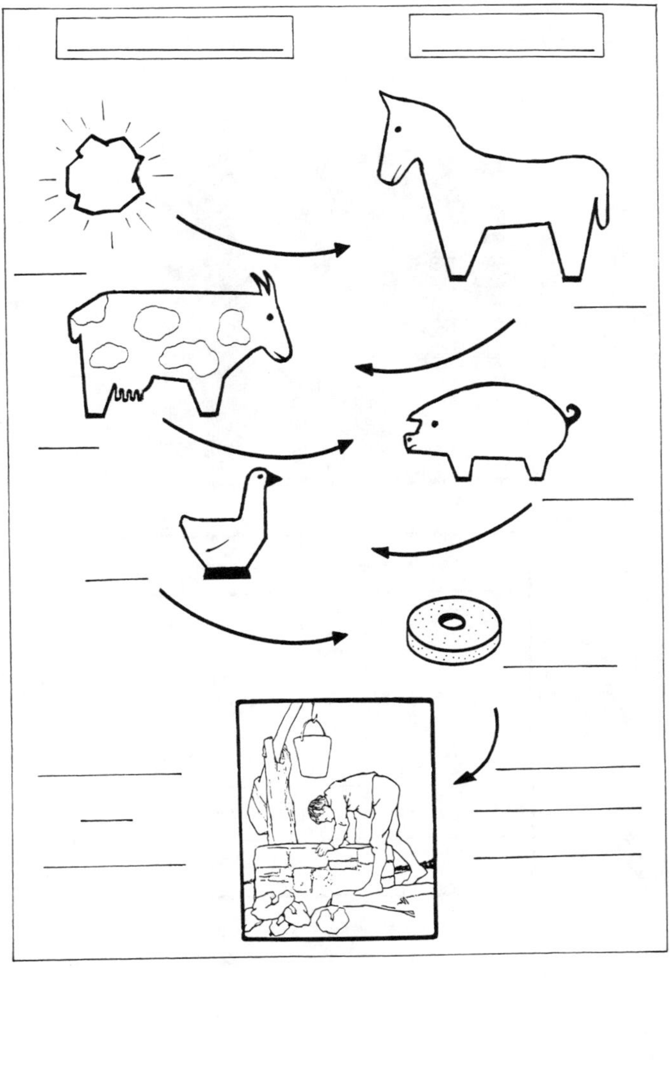

Kopiervorlage zu „Das kleine Mädchen mit den Schwefelhölzern"

Hans Christian Andersen:
Das kleine Mädchen mit den Schwefelhölzern

Wir vergleichen:

	Mädchen mit Schwefelhölzern	Die Sterntaler
Autor:		
Hauptperson:		
Träume bzw. Gaben:		
Anfang:		
Ende:		

Das __________ - Märchen gefällt mir besser, weil ____________________

____

Kopiervorlage zu „Der Froschkönig"

…Sie hörte nicht darauf, eilte nach Haus und hatte bald den armen Frosch vergessen, der wieder in seinen Brunnen hinabsteigen mußte. – Am andern Tag, als sie mit dem König und allen Hofleuten sich zur Tafel gesetzt hatte und von ihrem goldenen Tellerlein aß, kam plitsch platsch, plitsch platsch, etwas die Marmortreppe heraufgekrochen, und als es oben angelangt war, klopfte es an die Tür und rief: „Königstochter, jüngste, mach mir auf …"

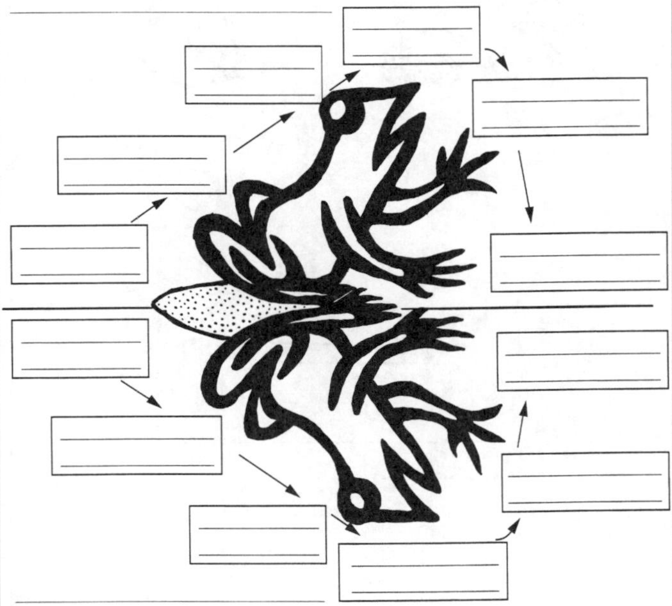

… Der Froschprinz schwamm, so schnell ihn seine Flossen trugen, zum Palast seines Vaters. Er schlug die Tür hinter sich zu und benahm sich vor seinem Vater, dem Froschkönig, recht unauffällig, denn der Froschkönig war sehr gestrenge. Was Versprechen anging. – Da klopfte auch schon jemand draußen ans Fenster. …

Kopiervorlage zu „Ein Buch für Bruno“

Ein Buch für Bruno

Ein Bilderbuch zum Thema

Ulla

Bruno

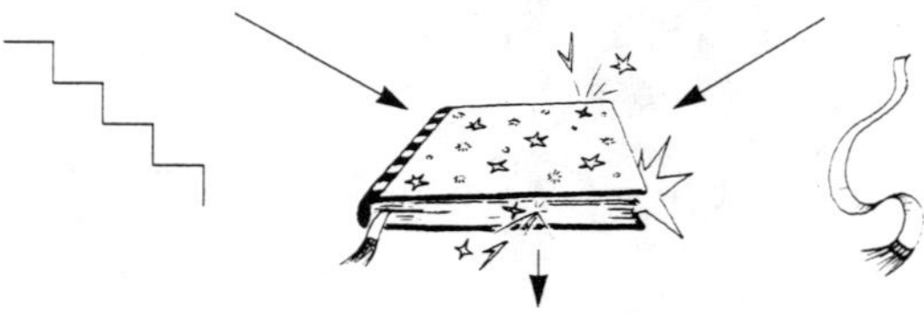

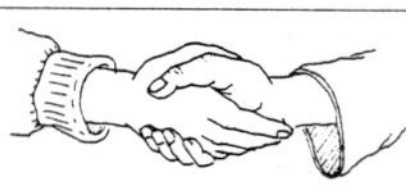

Für mich bedeutet Freundschaft …

Verzeichnis der verwendeten Literatur

Primärliteratur

Andersen, H. Ch.: Sämtliche Werke in zwei Bänden. Düsseldorf, Zürich [6]1996

Anton, M. (d. i. Helge Weinrebe): Eine schöne Geschichte. In: Was für ein Glück. Neuntes Jahrbuch der Kinderliteratur. Hrsg. von H.-J. Gelberg. Weinheim, Basel 1993

Avril: Das Mädchen mit den Schwefelhölzern (französischer Zeichentrickfilm) 1995

Berner, R. S.: Märchenstunde. Weinheim, Basel 1998

Borchers, E. (Text); Hechelmann, F. (Bilder): Ein Weihnachtstraum. München 1984

Brackert, H. (Hrsg.): Das große deutsche Märchenbuch. München, Zürich 1994

Brender, I.: Ein Hans im Glück von heutzutage. In: Der Lesespiegel. Vierte Jahrgangsstufe. Stuttgart 1978

Bruna, D.: Rotkäppchen. Ravensburg [4]1973

Domenego, H. u. a. (Hrsg.): Dieser Herr Andersen. Wien, Freiburg, Basel 1985

Escala, J. (Text); Vendrell, C. S. (Bilder): Die Kinder vom Meer. Frankfurt a. M. 1994

Gelberg, H.-J.: Janosch erzählt Grimm's Märchen. Weinheim, Basel 1972

Gelberg, H.-J. (Hrsg.): Wie man Berge versetzt. Sechstes Jahrbuch der Kinderliteratur. Weinheim, Basel 1981

Gelberg, H.-J. (Hrsg.): Neues vom Rumpelstilzchen. Weinheim, Basel 1981

Gelberg, H.-J. (Hrsg.): Daumesdick. Der neue Märchenschatz. Weinheim, Basel 1990

Genschow, G.; Dohrow, S. (Produktion): Hans im Glück (Audio-CD). Berlin, München 2001

Gmelin, O. F. (Text); Lerche, D. (Bilder): Märchen für tapfere Mädchen. Gießen 1978

Grill, H.: Hans im Glück – hin und zurück. Reinbek 1996

Grimm, J. und W.: Kinder- und Hausmärchen. Ausgabe letzter Hand. Drei Bände. Stuttgart 1984

Grimm, J. und W. (Text); Schroeder, B. (Bilder): Der Froschkönig oder Der eiserne Heinrich. Mönchaltorf, Hamburg 1989

Grimm, J. und W.: Hans im Glück oder: Gold allein macht nicht glücklich. Aus: Die goldenen Kinderbuch-Klassiker. Hrsg. von G. Brinek. München 1993

Grimm, J. und W. (Text); Koopmans, L. (Bilder): Hans im Glück. Graz ^{2}1993

Grimms Märchen. Erzählt von Manfred Steffen (Audio-CD). Hamburg 1991

Heidelbach, N.: Ein Buch für Bruno. Weinheim, Basel 1997

Heidelbach, N.: Die dreizehnte Fee. Weinheim, Basel 2002

Janosch (d.i. Horst Eckert): Janosch erzählt Grimm's Märchen. Weinheim, Basel 1972

Janosch (d.i. Horst Eckert): Der Froschkönig. Zürich 1984

Kapp, G. (Text); Schröder, W. (Bilder): Kunterbunter Märchen-Schabernack. München 1975

Klose, L. (Text); Seelig, R. (Bilder): Rettet das Märchenland! Berlin 1994

Koch Media: Rotkäppchen (CD-ROM). München, Wien 1995

Losansky, R. (Regie): Hans im Glück (Verfilmung). 1998

Lesebuchwerk: Bausteine Deutsch. Vierte Jahrgangsstufe. Frankfurt a.M., Eching 1987

Maar, P.: Lippels Traum. Hamburg 1984

Maar, P. (Text); Heidelbach, N. (Bilder): Der Aufzug. Weinheim, Basel 1993

Payrhuber, F.-J. (Hrsg.): Wo das Wünschen noch geholfen hat. Märchen mit Anregungen zum Spielen und Schreiben für die Grundschule. Freiburg 1983

Pingel, R.; Pietracci, E.: Schneewittchen und die Sieben Hänsel (CD-ROM). Berlin 1996

Riegler, E.: Grimmsalabim. Zürich 1997

Schami, R. (Text); Knorr, P. (Bilder): Der Wunderkasten. Weinheim, Basel 1990

Schönwerth, F.X.: Oberpfälzer Sagen und Märchen. Hrsg. von E. Eichenseer und R. Röhrich. Regensburg 1986

Victor-Pujebet, R.: Die Schneekönigin (CD-ROM). Ravensburg 1997

Waechter, F. K.: Opa Huckes Mitmach-Kabinett. Weinheim, Basel 1976

Walker, B.: Das kleine Mädchen mit den Schwefelhölzern (japanischer Puppentrickfilm Nr. 323247). 1981

WBF-Unterrichtsfilme: Die unsterblichen Märchen (u. a. Rotkäppchen, Hans im Glück, Der Froschkönig). Hamburg o. J.

Sekundärliteratur

Ahrens, W.: Grimms Märchen – sagenhaft! In: Bunte Nr. 14/1985

Andersen, H. Ch.: Meines Lebens Märchen. Leipzig, Weimar 1989

Andre, K.: Märchenrezeption in der Grundschule. In: Aus „Wundertüte“ und „Zauberkasten“. Über die Kunst des Umgangs mit Kinder- und Jugendliteratur. Hrsg. von H. Barthel u. a. Frankfurt a. M. 2000

Bastian, U.: Die „Kinder- und Hausmärchen“ der Brüder Grimm in der literaturpädagogischen Diskussion des 19. und 20. Jahrhunderts. Frankfurt a. M. 1981

Baumgärtner, A. C.: „Ach, du bists, alter Wasserpatscher …“. In: Die Brüder Grimm. Hrsg. von A. Kuschinke-Bach. Frankfurt, Bern, New York 1987

Bechstein, L.: Vorwort. In: Märchenbuch. Leipzig ^{12}1853

Beinlich, A.: Lesealter? Die literarische Entwicklung der Kinder und Jugendlichen. In: Kind und Jugendlicher als Leser. Hrsg. von K. E. Maier. Bad Heilbrunn 1980

Beisbart, O.; Marenbach, D.: Einführung in die Didaktik der deutschen Sprache und Literatur. Donauwörth ^{7}1997

Berendsohn, W. A.: Phantasie und Wirklichkeit in den „Märchen und Geschichten“ von Hans Christian Andersen. Wallruf 1973

Bettelheim, B.: Kinder brauchen Märchen. Stuttgart 1977

Bettelheim, B.: Interview zum Thema „Märchen und Wirklichkeit“ in der Sendung „Aspekte“. ARD vom 20.4.1977

Boie, K.: Ich glaube an den Apfel. In: Oetinger Lesebuch. Hamburg 1996

Born, M.: Kognitiv oder kreativ? Märchendidaktische Konzeptionen mit methodischen Konsequenzen. In: Märchen in Erziehung und Unterricht heute. Band 1. Hrsg. von K. Wardetzky und H. Zitzlsperger. Rheine 1997

Börsenblatt für den Deutschen Buchhandel: Kinder- und Jugendbuch. Heft 76/1995

Brackert, H. (Hrsg.): Und wenn sie nicht gestorben sind ... Perspektiven auf das Märchen. Frankfurt a.M. [2]1982

Bürger, Ch.: Zur ideologiekritischen Betrachtung von Sagen und Märchen. In: Phantasie und Realität in der Jugendliteratur. Hrsg. vom Arbeitskreis für Jugendliteratur. Bad Heilbrunn 1976

Daubenbüchel, M.: Begleitkarte zum Puppentrickfilm „Das kleine Mädchen mit den Schwefelhölzern". München-Grünwald 1982

Degh, L.: Zur Rezeption der Grimmschen Märchen in den USA. In: Über Märchen für Kinder von heute. Hrsg. von K. Doderer. Weinheim, Basel 1983

Denecke, L.: Warum heißt das Märchen „Märchen"? In: Märchenspiegel. Heft 3/1993

Detering, H.: Nachwort, Anmerkungen und Zeittafel zu: Andersen, Hans Christian: Sämtliche Märchen in zwei Bänden. Düsseldorf, Zürich [6]1996

Diederichs, U.: Who's who im Märchen. München 1995

Dinges, O.; Born, M.; Janning, J. (Hrsg.): Märchen in Erziehung und Unterricht. Kassel 1986

Doderer, K. (Hrsg.): Über Märchen für Kinder von heute. Weinheim, Basel 1983

Ebel, U.: Hans Christian Andersen. Politologie und Poetologie seines Werks. Metelen, Steinfurt 1994

Eselsohr: Themenheft „Alte Märchen, neue Formen". Heft 1/2002

Falschlehner, G.: Vom Abenteuer des Lesens. Salzburg, Wien 1997

Federspiel, C.: Vom Volksmärchen zum Kindermärchen. Wien 1968

Franz, K.; Kahn, W. (Hrsg.): Märchen – Kinder – Medien. Beiträge zur medialen Adaption von Märchen und zum didaktischen Umgang. Baltmannsweiler 2000

Freese, H.-L.: Kinder sind Philosophen. Weinheim, Berlin 1989

Freund, W.: Deutsche Märchen. München 1996

Fromm, E.: Märchen, Mythen, Träume. Stuttgart 1980

Gärtner, H.: Rückkehr ins „entschwundene Land?" In: Jugendliteratur im Sozialisationsprozeß. Hrsg. von H. Gärtner. Bad Heilbrunn 1978

Gast, W.: Filmanalyse. In: Praxis Deutsch. Heft 140/1996

Gelberg, H.-J.: Nachwort zu: Janosch erzählt Grimm's Märchen. Weinheim, Basel 1972

Gmelin, O. F.: Böses kommt aus Kinderbüchern. München 1972

Gmelin, O. F.: Das neue Rotkäppchen. In: Die Eltern. Heft 11/1972

Greune, R.: Der Märchenfilm. In: Lexikon des Kinder- und Jugendfilms. Hrsg. von H. Schäfer. Meitingen 1998

Grimm, J. und W.: Deutsches Wörterbuch. 1. Band. Leipzig 1854

Grimm, J. und W.: Anmerkungen zu den einzelnen Märchen. In: Kinder- und Hausmärchen, gesammelt durch die Brüder Grimm. 3. Band. Göttingen [3]1856

Groeben, N.; Vorderer, P.: Leserpsychologie: Lesemotivation – Lektürewirkung. Münster 1988

Grundschule: Themenheft „Kinderfilm“ 1991. Heft 7–8

Grundschule: Themenheft „Medien erzählen Märchen“ 2000. Heft 10

Hahn, U.: Das verborgene Wort. Stuttgart, München 2001

Heitmann, P.: Mit Leseanfängern Märchen interpretieren? In: Aus „Wundertüte“ und „Zauberkasten“. Über die Kunst des Umgangs mit Kinder- und Jugendliteratur. Hrsg. von H. Barthel u. a. Frankfurt a.M. 2000

Herzog, K. / Löckel, H.: Ratgeber für den Leseunterricht. Langensalza, Berlin, Leipzig 1936

Hetmann, F.: Märchen und Märchendeutung. Klein Königsförde 1999

Hürlimann, B.: Europäische Kinderbücher in drei Jahrhunderten. Zürich, Freiburg [2]1963

Hurrelmann, B.: Kindersinn und Sentimentalität. Die Märchen Hans Christian Andersens. In: Klassiker der Kinder- und Jugendliteratur. Hrsg. von B. Hurrelmann. Frankfurt 1995

Jolles, A.: Einfache Formen. Darmstadt 1958

Kaiser, M.: Hans im Glück. Geschichte einer Märchenillustration. In: Librarium. Heft 3/1986

Kaminski, W.: Vom Zauber der Märchen. Mainz 1997

Kayser, B.: Liebe am Lesebändchen. In: tz vom 16./17.8.1997

Klingberg, G.: Die phantastische Kinder- und Jugenderzählung. In: Kinder- und Jugendliteratur. Hrsg. von G. Haas. Stuttgart 1974

Klotz, V.: Das europäische Kunstmärchen. München 1987

Knauss, S.: Schule des Erzählens. Frankfurt a.M. 1995

Knoch, L.: Märchen und Medien. In: Märchenspiegel. Heft 1/2000

Knoch, L.: Praxisbuch Märchen. Gütersloh 2001

König, G.: Märchen heute. In: Die Grundschule. Heft 3/1975

Landgraf, M.: Kreatives Schreiben im Deutschunterricht der Grundschule. Unveröffentlichte Hausarbeit. Regensburg 1999

Lange, G. u. a.: Textarten – didaktisch. Baltmannsweiler 1993

Lange, G.: Film und Fernsehspiel im Unterricht. In: Taschenbuch des Deutschunterrichts. Band 2. Hrsg. von G. Lange u. a. Baltmannsweiler ^{5}1994

Lange, G. (Hrsg.): Lese-Erlebnisse und Literatur-Erfahrungen. Baltmannsweiler 2001

Lange-Niederprüm, I.: Monster, Drachen, wilde Kerle. Mülheim 1995

von der Leyen, F.: Die deutschen Märchen und die Brüder Grimm. Düsseldorf, Köln 1964

Lüthi, M.: Das europäische Volksmärchen. Form und Wesen. Bern, München ^{8}1985

Lüthi, M.: Märchen. Stuttgart ^{9}1996

Maier, K. E.: Phantasie und Kinderliteratur. In: Phantasie und Realität in der Jugendliteratur. Hrsg. vom Arbeitskreis für Jugendliteratur. Bad Heilbrunn 1976

Maier, K. E.: Märchen, Kindermärchen, Schulmärchen. In: Märchen in der Grundschule. Hrsg. von M. Sahr. Regensburg 1988

Mallet, C.-H.: Kennen Sie Kinder? Wie Kinder denken, handeln und fühlen, aufgezeigt an vier Grimmschen Märchen. Hamburg 1981

Mallet, C.-H.: ... und rissen der schönen Jungfrau die Kleider vom Leib. Männlichkeitsmodelle im Märchen. Solothurn, Düsseldorf 1995

Märchenspiegel: Anhang „SimsalaGrimm". Heft 1/2000

Märchen-Stiftung Walter Kahn (Hrsg.): Umgang mit Märchen. SimsalaGrimm – Klimbim? Leipzig 2000

Marenbach, D.: Märchenkenntnis in schichtspezifischer Abhängigkeit. In: Welt der Schule. Heft 24/ 1971

Mattenklott, G.: Herzüberkopf ins Buch. In: FAZ Nr. 256/1997

Mayer, M.; Tismar, J.: Kunstmärchen. Stuttgart, Weimar ^{3}1997

Mylius, J. de: Hans Christian Andersen: Märchen, Geschichten, Briefe. Frankfurt a.M., Leipzig 1999

Nielsen, E.: Hans Christian Andersen in Selbstzeugnissen und Bilddokumenten. Reinbek 1980

Offele-Aden, H.: Literarischer Unterricht mit veränderten Märchen. In: Märchen in Erziehung und Unterricht. Hrsg. von O. Dinges, M. Born und J. Janning. Kassel 1986

Oxenvad, N.: H. C. Andersen. Ein Leben in Bildern. München 1997

Paefgen, E. K.: Einführung in die Literaturdidaktik. Stuttgart, Weimar 1999

Paukner, G.; Mayer-Skumanz, L.: Märchen – noch aktuell? In: Buch – Partner des Kindes. Hrsg. vom Bundesministerium für Unterricht und Kunst. Wien 1978

Poser, T.: Das Volksmärchen. Theorie – Analyse – Didaktik. München 1980

Psaar, W.; Klein, M.: Wer hat Angst vor der bösen Geiß? Zur Märchendidaktik und Märchenrezeption. Braunschweig ^{2}1980

Ranke, K. (Hrsg.): Enzyklopädie des Märchens. Berlin, New York 1977ff.

Reinhard, M.: Poetischer Glanz: die Kinder- und Hausmärchen. In: Die Deutsche Märchenstraße. Hrsg. von M. Pasdzior und M. Reinhard. Hamburg 1996

Ritz, H.: Die Geschichte vom Rotkäppchen. Ursprünge, Analysen, Parodien eines Märchens. Göttingen ^{13}2000

Rogge, J.-U.; Rogge, R.: Die besten Videos für mein Kind. Reinbek 1995

Röhrich, L.: Märchen. In: Handlexikon zur Literaturwissenschaft. Hrsg. von D. Krywalski. München 1974

Röhrich, L.: Märchen und Wirklichkeit. Wiesbaden 1974

Röhrich, L.: Froschkönig. In: Enzyklopädie des Märchens. Band 5. Hrsg. von R. W. Brednich. Berlin, New York 1987

Röhrich, L.: Wage es, den Frosch zu küssen. Köln 1987

Rölleke, H.: Märchenforschung lohnt sich. In: Grundschule. Heft 1/1985

Rölleke, H.: Grimms Märchen. Text und Kommentar. Suhrkamp Basis-Bibliothek. Frankfurt a. M. 1998

Rossel, S. H.: Hans Christian Andersen und seine Märchen heute. Wien 1996

Rötzer, G.: Märchen. Bamberg 1992

Sahr, M.: Wirkung von Kinderliteratur. Lesen aus kommunikations- und lerntheoretischer Sicht. Baltmannsweiler 1981

Sahr, M. (Hrsg.): Märchen in der Grundschule. Kreativer und produktiver Umgang mit Märchen. Regensburg 1988

Sahr, M.: Von Anderland nach Wunderland. Phantastische Kinderbücher im Unterricht der Grundschule. Baltmannsweiler 1990

Sahr, M.: Um der Kinder und Märchen willen! Kallmünz 1995

Sahr, M.: Kinder – Bücher – Verfilmungen. Der literarische Kinderfilm im Unterricht. Kallmünz 1997

Sahr, M.: Andersen lesen. Andersen-Märchen für Schüler von heute. Baltmannsweiler 1999

Sahr, M.: Leseförderung durch Kinderliteratur. Märchen, Bilder- und Kinderbücher im Unterricht der Grundschule. Baltmannsweiler ²2000

Sahr, M.: Ein ABC der Kinder- und Jugendliteratur. Baltmannsweiler 2001

Schaufelberger, H.: Märchenkunde für Erzieher. Freiburg, Basel, Wien ⁴1992

Scherf, W.: Lexikon der Zaubermärchen. Stuttgart 1982

Scherf, W.: Das Märchenlexikon. Zwei Bände. München 1995

Schlothauer, H.: Das Volksmärchen. In: Zur Literatur für das Vorschulkind. Berlin ⁴1974

Schmitt, Ch.: Adaptionen klassischer Märchen im Kinder- und Familienfernsehen. Frankfurt a. M. 1993

Schneider, W.: Vom Kinderbuch zum Kinderfilm. In: Aufbruch zum neuen bundesdeutschen Kinderfilm. Hrsg. von W. Schneider. Hardebek 1982

Schrader, M.: Epische Kurzformen. Theorie und Didaktik. Königstein ²1980

Sedlmayer, S.: Wir erfinden Märchen. In: Grundschulmagazin. Heft 12/1994

Sichtermann, B.: Fernsehen. Berlin 1994

Spinner, K. H.: Märchendidaktik heute. In: Märchen in Erziehung und Unterricht heute. Band 1. Hrsg. von K. Wardetzky und H. Zitzlsperger. Rheine 1997

Stiasny, K.: Was Andersens Märchen erzählen. Original und Deutung. Schaffhausen 1996

Stiasny, K.: Was Grimmsche Märchen erzählen. Original und Deutung. Schaffhausen 1996

Stößinger, V.: Der dänische Kunstmärchenkünstler und seine Anleihen beim Volksmärchen. In: Märchenspiegel. Heft 1/1998

Tatar, M.: Grimms Märchen. In: Deutsche Erinnerungsorte. Band 1. Hrsg. von E. Francois und H. Schulze. München 2001

Thiele, J.: Die Illustratorin als Märchenerzählerin. Binette Schroeder erzählt den „Froschkönig“ neu. In: Neue Erzählformen im Bilderbuch. Hrsg. von J. Thiele. Oldenburg 1991

Thiele, J.: Augenschmaus und Schreckensvision. In: Börsenblatt. Heft 69/1992

Uther, H.-J.: Hans im Glück. Zur Entstehung, Verbreitung und bildlichen Darstellung eines populären Märchens. In: The Telling of Stories. Hrsg. von M. Nojgaard und J. de Mylius. Odense 1990

Uther, H.-J.: Hans im Glück. In: Enzyklopädie des Märchens. Hrsg. von R. W. Brednich. Band 6. Berlin, New York 1990

Walser, M.: Aus dem Lebenslauf eines Lesers. In: Forum Lesen. Heft 15/1992

Wardetzky, K.: Märchen-Lesarten von Kindern. Berlin, Bern u.a. 1992

Wardetzky, K.: Aschenputtel glanzlackiert? In: Märchenspiegel. Jubiläumsausgabe 1995

Wardetzky, K.; Zitzlsperger, H. (Hrsg.): Märchen in Erziehung und Unterricht heute. Zwei Bände. Baltmannsweiler 1997

Weinrebe, H.: Märchen-Bilder-Bücher. Frankfurt a.M. 1988

Wenke, G.: Sturzflug in ein phantastisches Buch. In: Eselsohr. Heft 10/1997

Wittgenstein, O.: Märchen, Träume, Schicksale. München 1973

Wührl, P.-W.: Das deutsche Kunstmärchen. Geschichte, Botschaft und Erzählstrukturen. Heidelberg 1984

Zipes, J.: Rotkäppchens Lust und Leid. Biographie eines europäischen Märchens. Frankfurt, Berlin, Wien 1985

Zitzlsperger, H.: Kinder spielen Märchen. Weinheim, Basel 1980